技工院校通用职业素质课程实验

企业管理与企业文化
教案汇编

主　编　韩小汀
副主编　孙秀娟　赵　涛　张絜红　王　靓
参　编　王新惠　颜卓辉　杨　芸　池长孝
　　　　国梦露　白　云　宋玲君　应　康
　　　　叶菁菁　蔡　志

中国劳动社会保障出版社

简介

本教案汇编是技工院校通用职业素质课程实验教材《企业管理与企业文化》的配套用书。本书紧扣教学要求，内容编制依照教材单元顺序展开，主要包括企业及其经营模式、商业环境与企业战略、市场营销、产品创新与管理、企业运营、组织与人力资源管理、企业文化。配套资源库可登录 http://jg.class.com.cn，在对应的书目中下载。

本教案汇编由韩小汀主编，孙秀娟、赵涛、张絮红、王靓副主编，王新惠、颜卓辉、杨芸、池长孝、国梦露、白云、宋玲君、应康、叶菁菁、蔡志参加编写（姓名按负责章节的先后顺序排列）。

图书在版编目(CIP)数据

企业管理与企业文化教案汇编/韩小汀主编. -- 北京：中国劳动社会保障出版社，2020

技工院校通用职业素质课程实验

ISBN 978-7-5167-4801-5

Ⅰ.①企… Ⅱ.①韩… Ⅲ.①企业管理-教案（教育）-汇编-技工学校②企业文化-教案（教育）-汇编-技工学校 Ⅳ.①F272②F272-05

中国版本图书馆 CIP 数据核字(2020)第 255004 号

中国劳动社会保障出版社出版发行

（北京市惠新东街 1 号 邮政编码：100029）

*

北京虎彩文化传播有限公司印刷装订 新华书店经销

787 毫米×1092 毫米 16 开本 5.5 印张 101 千字

2020 年 12 月第 1 版 2022 年 5 月第 3 次印刷

定价：17.00 元

读者服务部电话：(010) 64929211/84209101/64921644

营销中心电话：(010) 64962347

出版社网址：http://www.class.com.cn

http://jg.class.com.cn

目　录

第一单元　企业及其经营模式

企业及其经营模式教学设计 1

<table>
<tr><td>教学单元（课）</td><td>第一单元　企业及其经营模式
企业及其经营模式</td><td>课时</td><td>1 课时</td></tr>
<tr><td>教学内容</td><td colspan="3">企业的定义和基本特征</td></tr>
<tr><td rowspan="2">教学对象</td><td>授课专业</td><td>授课班级</td><td>学生人数</td></tr>
<tr><td>电气自动化安装与维修专业</td><td>五年制高级班
高级阶段</td><td>32</td></tr>
<tr><td>学情分析</td><td colspan="3">授课对象具有以下的学习特征和基础：
1. 能够熟练运用网络平台、微信、QQ 群、互动学习平台等各种信息化手段进行自主学习
2. 有想法，思维活跃，喜欢动手实践。本学期即将到××电子商务公司进行顶岗实习，有认识企业的迫切愿望
3. 具有团队合作意识和严谨细致的工作态度；对企业管理相关知识不熟悉，整体规划能力欠佳</td></tr>
<tr><td colspan="4">一、教学目标</td></tr>
<tr><td colspan="4">使学生掌握企业的基本概念、基本特征，明确企业的基本周期，学会对企业运营做初步整体规划；通过小组合作学习，在游戏中提高沟通合作、应对风险和社会适应能力。全面认识企业，明确企业的首要任务是为社会提供价值，承担社会责任</td></tr>
<tr><td colspan="4">二、重难点分析</td></tr>
<tr><td colspan="4">重点：掌握企业的基本概念和企业的基本特征
重点突破策略：
1. 课前学生通过互动学习平台进行微课学习、案例分析、校企合作企业任务分析，了解企业的基本概念，掌握企业的基本特征
2. 课中通过知识检测、教师讲解、师生互动、沙盘游戏模拟经营等方式，引导学生熟悉企业的基本周期，突破重点</td></tr>
</table>

续表

难点：全面认识企业，明确企业的首要任务是为社会提供价值，承担社会责任

难点化解策略：

1. 课前学生通过案例学习，了解企业经营的最终目标，熟悉企业如何转变角色、承担社会责任
2. 课中通过微视频、案例分析、头脑风暴、教师点拨、沙盘游戏等方式，引导学生全面认识企业，明确企业的首要任务是为社会提供价值，承担社会责任
3. 课后学生拍摄模拟企业宣讲的视频，进一步巩固所学知识

三、学习资源

创建将校园环境与企业环境、校园文化与企业文化、理论学习与实践学习、学习过程与工作过程融为一体的学习场所

1. 多媒体教学设备：投影设备、音响设备、智慧黑板
2. 信息化教学资源：微课《企业的定义和基本特征》、多媒体课件、企业案例资源库、互动学习平台
3. 教具：白板、磁扣、白纸、白板笔、沙盘游戏培训包
4. 学习材料：教材及工作页等

四、教学实施过程

教学环节（时间）		学习内容	师生活动	设计意图
课前	发布 课前作业	1.《企业的定义和基本特征》微视频 2.《世界500强企业》 3.《疫情影响报告》案例 4. 校企合作企业的运营实例	1. 课前分组：将全班同学分为4组，每组8人 2. 教师通过互动学习平台发布微视频《企业的定义和基本特征》，组织学生进行观看，完成课前学习任务 任务一：回答附件工作页“四、学习过程”的问题 任务二：学习《世界500强企业》（教材第2页）和《疫情影响报告》案例（见附件工作页），完成工作页问答题，并记录疑惑，以便课前或课中讨论 任务三：来自校企合作单位××电子商务有限公司的真实企业任务 3. 学生完成各项任务，考虑沙盘游戏中的具体细节，绘制思维导图，做好成果展示的准备工作	1. 激发学生兴趣，调动学生积极性 2. 通过角色扮演，提高沟通合作能力 3. 制作思维导图，加深印象

续表

教学环节（时间）		学习内容	师生活动	设计意图
课中	环节（一） 学习检测 互动教学 （10分钟）	1. 企业的基本特征 2. 企业的定义	1. 准备工作：教师检查各小组工作页完成情况、学生出勤情况 2. 师生互动：教师和学生就具体情境讨论课前任务一的问题并总结企业基本特征 教师鼓励学生上台展示，学生扫码进行知识检测，评出获胜小组	1. 问题探究以及情境教学法使学生跟随教师的引导进入学习状态 2. 知识检测及时巩固所学 3. 通过发放奖励券激发学生学习积极性
课中	环节（二） 游戏教学 企业体验 （20分钟）	1. 企业运营周期 2. 企业的特征	1. 教师介绍校企合作单位××电子商务有限公司的真实企业任务——从事AI智能产品售卖机生产运营销售。明确游戏规则（见附件工作页）课前已提前发放，学生已经熟悉 2. 学生组建团队，确定成员角色：总经理、财务总监、采购总监、生产总监、销售总监，老师参与角色扮演 3. 按照企业周期表运营一个月，从第一周开始至第四周结束 各组进行沙盘游戏，游戏结束后各组将售卖机的数量、金额、利润填入表中。教师根据各小组经营状况，宣布获胜小组 4. 活动小结：各小组长组织组内分享和讨论，分享结束后选取有代表性的成果写在白板上。教师观看小组讨论，点评并进行活动总结，给获胜小组发放奖励券	1. 任务驱动教学围绕任务展开学习，学生主动探究、思考、实践、运用 2. 团队活动提高学生沟通交流与管理能力 3. 情境式教学通过角色扮演使学生全面认识企业，熟悉企业的概念及基本特征
课中	环节（三） 企业责任 情感升华 （10分钟）	1. 企业成立和发展的最终目标 2. 企业的价值 3. 企业的社会责任 4. 疫情期间企业如何承担社会责任	1. 观看视频《科技有温度 细数疫情面前中国科技企业作了什么贡献》（见附件），引导学生思考企业成立和发展的最终目标是什么 2. 阅读附件工作页中案例《这场疫情将改变人们的20种意识和行为》（见附件工作页），小组讨论个人、企业、社会层面都有哪些变化。结合课前《疫情影响报告》的学习进行头脑风暴，如果你是企业管理者，你应该如何承担社会责任。小组将想法写下形成思维导图张贴在白板上。教师巡回指导，及时给予奖励	1. 激励学生在遇到挫折时，积极面对，变挫折为机遇，体验和感悟企业家胸怀和社会责任 2. 头脑风暴法锻炼学生的发散思维

续表

<table>
<tr><th colspan="2">教学环节（时间）</th><th>学习内容</th><th>师生活动</th><th>设计意图</th></tr>
<tr><td>课中</td><td>环节（四）
评价总结
（5 分钟）</td><td></td><td>1. 多元评价
小组成员根据参与度、贡献值、合作情况自评、互评。教师给予学生评价
2. 课堂总结
教师对课程内容进行总结</td><td>多元评价促进学生反思和提升</td></tr>
<tr><td>课后</td><td>课后拓展</td><td>对校企合作企业的法律形式和运营发展进行调研分析</td><td>1. 教师通过学习平台布置作业：
（1）走进校企合作企业，对其企业法律形式和运营发展进行调研分析；各小组绘制完成自己拟开办企业的海报。为下一课题企业的法律形式学习做好准备
（2）每组成立疫情期间模拟企业，思考本企业在疫情期间如何承担社会责任，实现最终经营目标，并拍摄 5 分钟宣讲视频，上传到学习互动平台
2. 学生整理实训室，登录互动学习平台接收任务，完成课后作业。消化本课所学知识并学以致用</td><td>1. 培养学生的工作态度、实践能力和语言表达能力
2. 鼓励学生走进企业，深入了解企业，提出开办企业的思路，组建创业团队
3. 检验教学成果</td></tr>
<tr><td colspan="5">五、学业评价</td></tr>
<tr><td colspan="5">1. 评价设计思路
本次课综合采用了学生自我评价、小组评价和教师评价相结合的方式。小组成绩 =（小组自评×20%）+（小组互评×20%）+（教师评分×60%），学生个人成绩 = 小组总成绩×50% + 自我评价×50%，成绩由教师课后汇总
2. 评价方式
（1）学生自我评价
学生通过自我评价能发现自己存在的问题和不足，进而有针对性地采取措施
（2）小组评价
小组成员根据活动参与情况对本组进行评价，同时小组成员通过整个学习活动的观察和学习对其他小组进行评价
（3）教师评价
评价表的评价要素与教学环节依次对应，真实反馈小组完成情况
3. 评价特色
在评价中引入奖励券：学生在知识检测互动教学阶段，回答问题最多和分数最高的小组会得到一张奖励券；在游戏教学企业体验阶段，经营好的小组会得到一张奖励券；在企业责任情感升华阶段，头脑风暴点子有效数最多得到一张奖励券。学期末得到最多奖励券的小组被评为“优秀企业团队”，获得更好的企业实习实践机会，激发学生的学习热情</td></tr>
</table>

附　件

1. 学生自我评价
2. 小组评价
3. 教师评价
4. 《企业的定义和基本特征》微视频
5. 《科技有温度 细数疫情面前中国科技企业作了什么贡献》微视频
6. 工作页
7. 课堂小测验
8. 奖励券

企业及其经营模式教学设计 2

<table>
<tr><td>教学单元（课）</td><td>第一单元　企业及其经营模式
企业及其经营模式</td><td>课时</td><td>2 课时</td></tr>
<tr><td>教学内容</td><td colspan="3">企业的基本概念和企业的特征</td></tr>
<tr><td rowspan="2">教学对象</td><td>授课专业</td><td>授课班级</td><td>学生人数</td></tr>
<tr><td>汽修专业</td><td>五年制高级班
中级阶段</td><td>30</td></tr>
<tr><td>学情分析</td><td colspan="3">1. 学生积极向上，对新鲜事物感兴趣，有较好的理解能力。有集体荣誉感，表现欲强，同学之间能够针对一件感兴趣的事情进行有效沟通。能够熟练利用手机和电脑查询信息。能够合作完成学习任务
2. 学生学习热情持续时间短，不喜欢枯燥的理论讲授式教学，喜欢丰富的课堂活动
3. 学生之间存在差异性，动手能力、书写能力、表达能力等方面发展不均衡</td></tr>
<tr><td colspan="4">一、教学目标</td></tr>
<tr><td colspan="4">课前：要求学生利用互动学习平台进行预习。通过观看汽车企业案例短片，使学生大致了解什么是企业、企业的发展、企业的经营盈利目的；通过学习《企业定义和基本特征》微课，理解企业的概念和基本特征
课中：通过投屏展示互动学习平台内优秀学生作业，进一步加深学生对企业知识的理解。要求小组合作制作《抗击新冠肺炎疫情过程中企业的社会责任》海报并进行宣讲，增强学生社会责任意识。通过设计模拟企业，在实践中掌握企业的概念和基本特征
课后：要求学生制作模拟企业的宣讲材料并拍摄视频，使学生利用所学知识进行企业实践</td></tr>
<tr><td colspan="4">二、重难点分析</td></tr>
<tr><td colspan="4">重点：掌握企业的基本概念，熟悉企业的特征。培养社会责任意识是教育重点，培养知识获取能力、书面表达能力、沟通能力和口头表达能力是方法能力和社会能力重点
重点突破策略：课前在互动学习平台开展翻转课堂学习和课堂知识复习。课堂开展模拟企业活动。课后拍摄模拟企业宣讲视频。结合小组合作的学习方法，全面落实知识、方法、社会能力三方面教学重点
难点：学生不能自觉地进行学习，不愿接受知识性较强的讲授式教学，学生能力差异大，理解企业知识较为困难
难点化解策略：采取教师为主导，学生为主体，任务引领教学的模式，线上与线下结合，通过投屏展示、学生演讲、海报制作、宣讲评测、视频评测等教学方法提高学生学习兴趣。采用小组合作、教师重点辅导的方式化解知识难题</td></tr>
</table>

续表

<table>
<tr><td colspan="5">三、学习资源</td></tr>
<tr><td colspan="5">1. 互动学习平台
2. 多媒体教室及教学设备、白板、海报等
3. 微课、教学 PPT、教材和评价表</td></tr>
<tr><td colspan="5">四、教学实施过程</td></tr>
<tr><td colspan="2">教学环节（时间）</td><td>学习内容</td><td>师生活动</td><td>设计意图</td></tr>
<tr><td rowspan="2">课前</td><td>20 分钟</td><td>《汽车企业案例》视频</td><td>1. 课前将视频上传至互动学习平台
2. 微信要求完成预习作业</td><td>使学生大致了解什么是企业、企业的发展、企业的经营目的</td></tr>
<tr><td>25 分钟</td><td>学习《企业定义和基本特征》微课，课前一周公布</td><td>1. 课前将微课上传至互动学习平台
2. 将预习问题（见附件 1）上传至互动学习平台
3. 微信要求完成预习作业 1
4. 学生观看视频并回答问题
5. 教师在互动学习平台上批阅作业</td><td>理解知识点。结合疫情期间企业捐献钱款物资行为，使学生在学习知识的同时，接受社会责任教育</td></tr>
<tr><td>课中</td><td>组织教学
5 分钟</td><td></td><td>1. 教师让班长、课代表检查学生着装是否规范
2. 学生起立，师生相互问候
3. 教师利用手机在互动学习平台发起签到
4. 学生利用手机签到，随机产生 5 个学习小组，小组长由签到排在组内第一的学生担任</td><td>随机分组提高学生兴趣，增强学生合作能力</td></tr>
<tr><td>课中</td><td>教学回顾和导入 15 分钟</td><td>1. 企业的基本概念和特征
2. 企业的社会责任</td><td>1. 小组讨论并推选 1 份优秀预习作业
2. 各小组进行 1 分钟讲解展示
3. 教师对展示进行评价和奖励
4. 教师利用 PPT 讲解企业的概念和特征，重点以疫情期间企业捐献钱款物资的表现为例，讲解企业的社会责任，导入本节课学习内容</td><td>1. 通过同学们的讨论和讲解展示，使学生进一步加深对企业知识的理解
2. 教师通过讲授法和 PPT 展示法，对学生进行社会责任教育</td></tr>
</table>

续表

教学环节（时间）		学习内容	师生活动	设计意图
课中	35 分钟	企业的社会责任	1. 教师要求学生利用手机查询疫情期间企业的捐献实例 2. 小组合作制作《抗击新冠肺炎疫情过程中企业的社会责任》海报 3. 各小组对海报进行展示和讲解 4. 课代表记录成绩	1. 学生通过资料查询、海报制作、海报讲解和评测，增强社会责任意识 2. 小组合作培养学生合作能力和沟通能力 3. 展示、评测、奖励提高学生学习兴趣
课中	25 分钟	1. 企业的基本概念和特征 2. 企业的社会责任	1. 学生小组讨论，成立模拟企业 2. 假定一个投资人 3. 确定应向投资人介绍的企业内容（企业名称、产品名称、公司规模、企业选址、投资金额、风险评估、回报利润、发展前景等） 4. 将小组讨论结果分享到互动学习平台	企业宣讲深化了学生对知识点的理解
课中	5 分钟	学习总结	1. 小组代表对本组学习表现进行总结（参与程度、过程表现、学习成果） 2. 老师对表现优异的组进行表扬	奖励激发学生学习热情
课中	5 分钟	课后作业布置 1. 完善企业宣讲文案 2. 完成 5 分钟企业宣讲视频	1. 学生完善企业宣讲文件内容（见附件 2） 2. 拍摄 5 分钟企业宣讲视频（见附件 2） 3. 作业发互动学习平台	成立模拟企业，让学生进一步巩固学习内容
课后	45 分钟	完成作业	1. 学生完成作业后上传互动学习平台 2. 教师批改作业并和学生分享优秀作业	帮助学生巩固学习内容

续表

五、学业评价

学业评价着重评价任务完成质量，同时对过程性的表现采取自评、互评、教师评相结合的方式开展

<table>
<tr><th colspan="8">学业评测成绩表</th></tr>
<tr><td colspan="2">课程</td><td colspan="6">企业管理与企业文化</td></tr>
<tr><td colspan="2">章节</td><td>第一章</td><td colspan="2">课程</td><td colspan="3">第一课</td></tr>
<tr><td colspan="2">班级</td><td></td><td colspan="2">姓名</td><td colspan="3"></td></tr>
<tr><td colspan="2">教学环节</td><td>评价内容</td><td colspan="3">评测得分</td><td colspan="2">成绩</td></tr>
<tr><td rowspan="2">课前</td><td>任务 1</td><td>是否完成及完成质量</td><td colspan="2">教师评 0~10 分</td><td></td><td>10%</td><td></td></tr>
<tr><td>任务 2</td><td>是否完成及完成质量</td><td colspan="2">教师评 0~10 分</td><td></td><td>10%</td><td></td></tr>
<tr><td rowspan="4">课中</td><td>活动</td><td>评测项</td><td>自 0~2</td><td>互 0~6</td><td>教 0~2</td><td>10%</td><td></td></tr>
<tr><td>活动 1</td><td rowspan="3">1. 态度端正
2. 遵守纪律
3. 积极讨论
4. 积极发言</td><td></td><td></td><td></td><td>10%</td><td></td></tr>
<tr><td>活动 2</td><td></td><td></td><td></td><td>10%</td><td></td></tr>
<tr><td>活动 3</td><td></td><td></td><td></td><td>10%</td><td></td></tr>
<tr><td rowspan="2">课后</td><td>作业 1</td><td>是否完成及完成质量</td><td colspan="2">教师评 0~10 分</td><td></td><td>10%</td><td></td></tr>
<tr><td>作业 2</td><td>是否完成及完成质量</td><td colspan="2">教师评 0~20 分</td><td></td><td>20%</td><td></td></tr>
<tr><td colspan="2">自我奖励</td><td>学习过程表现</td><td colspan="2">自评 0~5</td><td></td><td>5%</td><td></td></tr>
<tr><td colspan="2">教师奖励</td><td>学习过程表现</td><td colspan="2">教师评 0~5</td><td></td><td>5%</td><td></td></tr>
<tr><td colspan="5">总成绩</td><td colspan="3"></td></tr>
</table>

说明：

1. 课前评测由老师（或由课代表在老师指导下）根据互动学习平台内预习作业完成情况进行评分

2. 课中由老师将评分表发给学习小组，由学生自己、学习小组长、教师完成评分

3. 课后成绩由老师根据学生在互动学习平台内作业完成情况进行评分

4. 奖励分由学生和老师根据个人表现进行评分，填写奖励券

5. 总成绩记入学生成绩册的平时成绩

附 件 1

观看微课《企业定义和基本特征》并阅读教材回答问题

1. 企业成立和发展的最终目标是什么？

______

2. 企业的定义是什么？

______

______

3. 企业的基本特征是什么？

______

______

你知道的世界 500 强企业

以下是 2019 年世界 500 强企业的上榜名单摘选，你知道这些企业的国别和主营业务吗？试着补充下表，还可以再补充一些你所熟悉的其他世界 500 强企业。

企业名称	2019 世界 500 强排名	所属国家	主营业务
沃尔玛	1		
国家电网	5		
丰田汽车	10		
苹果	11		
亚马逊	13		
三星电子	15		
中国工商银行	26		
阿里巴巴集团	182		

附　件　2

企业宣讲文案

公司名称和产品名称
准备自己经营还是与他人合营
投入金额和盈利分析
选址和竞争环境分析
自我优势分析
主要经营竞争方案

拍摄5分钟企业宣讲视频

拍摄5分钟视频，展示模拟企业，展示内容自定。要求穿正装。

本节课学习内容已结束，如你对自己学习过程的表现很满意，作业已经上交给课代表，请给自己点赞，在5分奖励券上签字，留存课后加分。

企业及其经营模式教学设计 3

<table>
<tr><td>教学单元（课）</td><td>第一单元　企业及其经营模式
企业及其经营模式</td><td>课时</td><td>1 课时</td></tr>
<tr><td>教学内容</td><td colspan="3">企业的法律形式和组织结构</td></tr>
<tr><td rowspan="2">教学对象</td><td>授课专业</td><td>授课班级</td><td>学生人数</td></tr>
<tr><td>制冷设备运用与维修</td><td>五年制高级班
中级阶段</td><td>24</td></tr>
<tr><td>学情分析</td><td colspan="3">授课对象具有以下的学习特征和基础：
1. 思维活跃，动手能力强。已学习企业的基本概念，熟悉企业的特征，能够在教师的引导下完成案例分析和方案设计
2. 能够熟练应用网络平台进行自主学习，适应一体化教学模式，小组团队合作氛围浓厚。多次参与企业调研等活动，任务完成度高
3. 对企业管理知识了解不多，学生理论学习能力较弱，耐心不足</td></tr>
<tr><td colspan="4">一、教学目标</td></tr>
<tr><td colspan="4">能够说出企业的法律形式的含义与特点，掌握企业组织结构的概念及企业组织结构形式；能够通过小组之间的讨论、展示、评论，锻炼交往、沟通等社会能力；通过案例分析、任务驱动，根据企业的发展阶段和规模，确定企业的法律形式和组织结构</td></tr>
<tr><td colspan="4">二、重难点分析</td></tr>
<tr><td colspan="4">重点：理解企业法律形式的含义和特点、企业组织结构的概念及形式
重点突破策略：
1. 课前要求学生通过互动学习平台进行微课学习，了解重点内容
2. 课中通过知识检测、头脑风暴、案例分析、教师讲解等方式突破重点
难点：根据企业的发展阶段和规模确定企业的法律形式和组织结构
难点化解策略：
1. 课前要求学生通过案例调研，分析相关内容，并对调查结果进行归纳汇总
2. 课中引导和帮助学生通过分类活动、案例分析、微视频学习，形成模拟企业的创建方案，通过小组体验活动，掌握相关技能
3. 课后通过拍摄宣讲视频进一步巩固所学知识，化解难点</td></tr>
</table>

续表

三、学习资源

创建将校园环境与企业环境、校园文化与企业文化、理论学习与实践学习、学习过程与工作过程融为一体的学习场所

1. 硬件设备：智能黑板
2. 工具设备：白板、白板笔、A4 纸、磁扣、道具卡片
3. 数字资源：微课视频、企业案例资源库、互动学习平台
4. 学习材料：教材及工作页等

四、教学实施过程

教学环节（时间）		学习内容	师生活动	设计意图
课前	自主学习 企业调研 （提前一周）	1.《企业的法律形式与组织结构》微视频 2.《与时俱进：海尔的组织结构变迁之路》	1. 教师在互动学习平台上传《企业的法律形式与组织结构》和工作页（见附件），学生完成工作页中的“微课自学” 2. 学生阅读工作页中《与时俱进：海尔的组织结构变迁之路》并查阅资料，回答工作页相关题目 3. 教师在 QQ 群布置企业调研任务，学生深入校企合作企业进行调研，了解企业的产生和发展历程，明确该企业的法律形式以及企业组织结构，完成工作页中的“案例调研” 4. 教师根据学生学习情况设计教学过程	培养学生自主探究，主动学习能力，让学生走出课堂，锻炼学生的合作沟通能力
课中	环节（一） 组织教学 学习检测 （4 分钟）		1. 准备工作：教师检查教学设备，强调实训室管理规定，检查工作页完成情况。学生分组就座，在互动学习平台完成签到 2. 知识检测：组织学生扫码进行小测验，检测课前学习效果	培养学生严谨的学习态度
课中	环节（二） 任务导入 引发思考 （4 分钟）	1. 微视频《海尔集团形象片》 2. 企业的法律形式与组织结构	1. 案例观看：教师播放《海尔集团形象片》（见附件）。引导同学思考，不同发展时期、不同发展规模的企业其法律形式和组织结构的不同，安排小组讨论 2. 引出任务：要求学生随机抽取企业的初始资金和团队人数，模拟创建自己的企业，注意明确创建什么企业，会采取何种法律形式和组织结构。请学生带着问题完成方案设计	视频案例引发学生思考，激发学习兴趣 以任务引领学生主动学习知识

续表

<table>
<tr><th colspan="2">教学环节（时间）</th><th>学习内容</th><th>师生活动</th><th>设计意图</th></tr>
<tr><td rowspan="5">课中</td><td rowspan="5">环节（三）
知识运用
互动教学
（30分钟）</td><td rowspan="5">1. 各种企业法律形式的含义和特点
2. 企业组织结构的概念和企业组织结构形式
3. 各种企业组织结构的应用</td><td>活动一：头脑风暴
教师展示道具卡片（如纯净水、水瓶等元素）。组织各组联想与道具相关的不同的企业，写在白板上。教师及时评价，给联想最多的小组奖励</td><td>头脑风暴训练学生的创新思维，巩固上节课知识</td></tr>
<tr><td>活动二：我来分分类
教师利用PPT引导学生将头脑风暴中涉及的企业根据企业法律形式进行分类，巡回指导，引导学生完成分类图的绘制。小组讨论完成绘制并拍照上传互动学习平台，并结合每种形式的含义和特点进行展示</td><td>分类游戏激发学生积极性，锻炼学生分析归纳的能力</td></tr>
<tr><td>活动三：企业的组织结构
1. 教师根据学生课前企业调研成果，讲解企业不同发展阶段典型的组织结构形式
2. 学生根据课前案例分析结合微视频《海尔集团组织结构的变化之路》讨论海尔公司不同时期的组织结构，完成海尔公司组织结构图绘制</td><td>案例分析提升学生知识运用能力与分析能力</td></tr>
<tr><td>活动四：我的未来企业
1. 各小组根据模拟企业的发展规模，制定本组将要创建的企业不同阶段的法律形式和组织结构，并进行展示汇报。教师集中指导解决各组问题，进行过程性评价
2. 学生组内讨论分析方案，结合教师意见修改完善，确定本组方案，形成PPT</td><td>模拟企业活动检验学生知识学习水平，提升学生分析问题、解决问题的能力</td></tr>
<tr><td>活动五：我来选企业
教师给每位同学发放一张加入券（见附件），各组展示模拟企业的法律形式和组织结构方案
学生可以选择本组之外的其他小组的模拟企业加入，每组统计收回的加入券数量，教师观察各组表现</td><td>体验式教学激发学生学习兴趣，锻炼学生实践能力</td></tr>
</table>

续表

教学环节（时间）		学习内容	师生活动	设计意图
课中	环节（四） 成果展示 评价总结 （7 分钟）		1. 成果展示：小组代表上台展示活动成果，交流经验 2. 各方评价：小组成员根据知识掌握、课堂表现自评、互评，教师总结点评，按综合评分选出最优小组 3. 课堂总结：教师对知识点进行总结，明确本节课重难点。学生根据教师总结情况完成个人小结	多元评价激发学生的成就感，促进学生反思提升
课后	整理场地 课后拓展	企业外部环境分析	1. 教师监督学生完成场地整理，布置课后任务，互动学习平台上传“茶饮店外部环境分析调研”任务，为下节课做准备 2. 学生根据评价修改完善方案，拍摄 5 分钟视频，宣讲小组模拟企业	培养学生严谨的工作态度与实践动手能力

五、学业评价

1. 评价设计思路

过程性评价与结果性评价相结合，围绕学习过程设计评价要点，从不同角度关注学生通用职业素质的培育，教师、学生、小组多方面参与评价，调动学生积极性

2. 评价方式（扫码评价）

根据教学活动及其评价要素，设置了“学生自我评价表”“小组评价表”“教师评价表”对学生进行评价

（1）学生自我评价

自评能逐步培养学生的自觉意识，学生通过自我评价能发现自己存在的问题和不足，进而有针对性地采取措施（学生扫码评价）

（2）小组评价

小组成员根据活动参与情况对本组进行评价，小组成员通过整个学习活动的观察和学习对其他小组进行评价，在自评与互评中不断反思，提升学生的通用职业素质（学生扫码评价）

（3）教师评价

评价表的评价要素与教学环节依次对应，向相应小组反馈本次任务的完成情况

3. 成绩计算

小组成绩=（小组自评×20%）+（小组互评×20%）+（教师评分×60%）

学生个人成绩=小组总成绩×50%+自我评价×50%

附　件

1. 学生自我评价
2. 小组评价
3. 教师评价
4. 《企业的法律形式与组织结构》微视频
5. 《海尔集团组织结构的变化之路》微视频
6. 《海尔集团形象片》微视频
7. 工作页
8. 加入券
9. 课堂小测验

第二单元　商业环境与企业战略

第一课　企业外部环境分析教学设计 4

<table>
<tr><td>教学单元（课）</td><td>第二单元　商业环境与企业战略
第一课　企业外部环境分析</td><td>课时</td><td>1 课时</td></tr>
<tr><td>教学内容</td><td colspan="3">宏观环境分析</td></tr>
<tr><td rowspan="2">教学对象</td><td>授课专业</td><td>授课班级</td><td>学生人数</td></tr>
<tr><td>会计专业</td><td>五年制高级班
中级阶段</td><td>36</td></tr>
<tr><td>学情分析</td><td colspan="3">授课班级思维活跃、好奇心强，具备一定的自主学习能力。能够运用网络平台、微信、QQ 群等各种信息化手段进行课前自主探究。对于企业管理有迫切的认知愿望，但是社会经验不足，分析整合能力有所欠缺。学习中采用线上线下相结合的方式，引导学生逐步分析问题、解决问题，从而提高认知，提升分析归纳能力</td></tr>
<tr><td colspan="4">一、教学目标</td></tr>
<tr><td colspan="4">使学生掌握企业外部环境的影响因素，熟悉 PEST 分析方法；培养积极主动的学习态度，以及对企业未来发展的预判能力和前瞻能力</td></tr>
<tr><td colspan="4">二、重难点分析</td></tr>
<tr><td colspan="4">重点：PEST 分析要素
重点突破策略：引入企业案例，引导学生总结要素内容，设置相关活动互动，展开小组竞赛，强化理解和记忆
难点：宏观环境对企业的影响
难点化解策略：引入实际案例，分析不同企业受到的影响；引导学生关注并理解国家政策和导向；采用小组间创业规划等体验式教学活动，让学生身临其境，激发兴趣，自主学习，促进理解和应用</td></tr>
</table>

续表

<table>
<tr><td colspan="5">三、学习资源</td></tr>
<tr><td colspan="5">采用线上线下混合教学模式，教室配备多媒体及互联网设备，方便课堂教学，学生使用手机进行课前微课或视频学习、学习检测和课中答题互动等。学生分组就座，以小组形式进行团队协作参与游戏，共同完成任务
1. 教学平台：互动学习平台、微信群
2. 多媒体教室及教学设备：电脑、投影仪、麦克风、手机、网络、白板等
3. 信息化教学资源：PPT、视频、线上测试、微信群、QQ 群等
4. 教材及评价表等</td></tr>
<tr><td colspan="5">四、教学实施过程</td></tr>
<tr><td colspan="2">教学环节（时间）</td><td>学习内容</td><td>师生活动</td><td>设计意图</td></tr>
<tr><td>课前</td><td>预习
（课前一周）</td><td>有关柯达公司兴衰成败的短片</td><td>1. 教师课前在互动学习平台发布任务。学生观看相关视频，通过柯达公司的兴衰成败，引发学生思考：柯达公司失败的原因是什么？受哪些因素影响？
2. 根据课前任务引导，学生上网查阅资料，通过 QQ 群交流，总结企业外部环境影响因素
3. 教师布置课前“创业规划”小任务：一代霸主的陨落，给你什么启示？如果给你一定数额资金，你想创办什么企业？有哪些必须考虑的因素？尽可能将面临的问题考虑全面，记录下来</td><td>激发学生兴趣，调动积极性；自主学习知识点，培养良好的学习习惯；小组分工合作，制订规划，培养团结合作、沟通交流的能力</td></tr>
<tr><td>课中</td><td>组织教学
（2 分钟）</td><td></td><td>1. 学生在互动学习平台签到
2. 各小组长检查本组人员、学习工具是否到位
3. 反馈课前任务完成情况（视频观看进度、讨论活跃度、工作页提交情况）</td><td>做好准备，进入学习状态</td></tr>
</table>

续表

教学环节（时间）		学习内容	师生活动	设计意图
课中	导入（5分钟）		1. 各小组选派代表，上台讲解课前总结的信息，并解说自己公司设立情况：公司名称、经营范围，以及设立时考虑到的因素，并将因素分类，写在白板上 2. 结合各组汇报情况，与学生讨论企业面临的环境因素，引出本课内容	检测课前自主学习成果，做好知识储备，为新任务的开展做好铺垫
课中	新课讲授及互动教学（10分钟）	PEST分析要素	1. 教师点评学生展示情况，总结企业发展需要面对的宏观环境因素 2. 教师引导学生进行PEST分析：以华为公司为例，梳理四大类影响企业的主要外部环境因素 3. 教师引导学生展开头脑风暴，分别列举实际生活中受四大宏观环境影响的知名企业案例 4. 各组学生各抒己见，互相点评总结	锻炼学生的分析总结能力，培养对企业未来发展的预判能力和前瞻能力
课中	创业规划，角色扮演（10分钟）	PEST分析要素	1. 结合课前“创业规划”小任务，运用本课所学内容进行修正完善 2. 分组进行思考并展开讨论：PEST中，有哪些元素是对每个小组创业项目影响都比较大的？如何影响的 3. 每个小组分享结束，其他小组对分享的内容进行提问和交流 4. 邀请3名同学担任项目投资人，对各小组创业项目的考虑因素全面性、准确性进行总结点评 5. 教师对各组学生的表现进行总评	结合实际进行体验式学习，进一步强化理解；提升语言表达能力和分析判断能力

续表

教学环节（时间）		学习内容	师生活动	设计意图
课中	课堂练习（10分钟）	PEST分析要素	1. 教师给每组发放一份归类正确的PEST资料，小组成员合作学习，倒计时5分钟，时间停止，资料收回 2. 教师再次发放第二份资料：一张内容打乱的PEST分析方法表格、磁扣、白板笔，各组在白板上划分区域，分别代表P、E、S、T 3. 根据刚才的5分钟所学，小组组员充分合作，将打乱的分析方法进行归类汇总，用磁力贴分别填充进相应区域 4. 小组间两两核对，进行准确率评分 5. 准确率最高的小组获胜，按照准确率依次排名，由高到低进行分层次加分	1. 通过小组竞赛的活动方式，加强学生对知识点的理解和记忆 2. 培养对内合作、对外竞争的意识
课中	评价（3分钟）		1. 教师发布评价活动，师生填写评价表并在线提交 2. 教师汇总评价成绩	锻炼学生对知识、技能、协作精神等进行客观性评价
课中	小结（2分钟）		教师引导学生对本课所学知识进行小结	巩固提炼
课中	作业布置（3分钟）		1. 列举政府给出的税收优惠政策和扶持政策 2. 思考这些政策对企业发展起到了哪些作用	了解国家政策、发展方向，为以后工作和创业打下基础
			布置预习任务“对华为公司所处的行业进行竞争环境分析”，及时督促学生按照要求完成任务	培养自主学习能力，为下节课内容做好铺垫
课后	辅导与答疑		1. 教师在互动学习平台上传知识点和技能点的课件、视频，供学生课后查缺补漏 2. 教师建设学习交流平台，随时与学生进行在线交流、答疑解惑	答疑解惑，查缺补漏

续表

五、学业评价
考核成绩由四部分组成：自我评价、组内评价、教师评价、活动加分。 个人评价（100 分）= 学生自评（30）+组内互评（30）+小组评价（30）+活动加分（10 分），根据最终得分评选出最优个人。 各项评价具体内容和要求如下：  1. 学生自评表 2. 组内互评表 3. 教师评价表 4. 工作页 5. 更多视频资料

第一课　企业外部环境分析教学设计 5

<table>
<tr><td>教学单元（课）</td><td colspan="2">第二单元　商业环境与企业战略
第一课　企业外部环境分析</td><td>课时</td><td>1 课时</td></tr>
<tr><td>教学内容</td><td colspan="4">行业竞争环境分析</td></tr>
<tr><td rowspan="2">教学对象</td><td colspan="2">授课专业</td><td>授课班级</td><td>学生人数</td></tr>
<tr><td colspan="2">市场营销专业</td><td>五年制高级班
高级阶段</td><td>36 人</td></tr>
<tr><td>学情分析</td><td colspan="4">授课班级的学生思维活跃，主观能动性强，对实例教学方式感兴趣，有一定的创新精神，并能结合所学知识，较好地配合教师开展各项课堂活动。本课以任务驱动法为中心，结合小组竞赛、头脑风暴等活动激发学生学习兴趣、促进团队合作意识的发展</td></tr>
<tr><td colspan="5">一、教学目标</td></tr>
<tr><td colspan="5">使学生掌握行业竞争环境分析的五种基本竞争力量，能够运用波特五力模型分析企业实例；通过分工合作，培养学生自主学习、体验探究、总结反思的能力，提高学生的竞争意识</td></tr>
<tr><td colspan="5">二、重难点分析</td></tr>
<tr><td colspan="5">重点：分析五种基本竞争力量
重点突破策略：通过信息化手段，让学生在共同参与的过程中，对任务进行分析、讨论、总结，使学生在活动中巩固知识点并突破重点
难点：初步分析企业实例
难点化解策略：运用教学平台和微信群发布任务书，进行翻转课堂教学。学生按要求预习任务提交答题卡，为完成后期的课堂任务做好铺垫。设置相关任务，引导学生通过案例讨论、探究、动手实践化解难点</td></tr>
<tr><td colspan="5">三、学习资源</td></tr>
<tr><td colspan="5">运用线上线下教学方式教学时，教室应配备多媒体及互联网设备，方便课堂教学。学生以小组形式共同完成任务，需要分组就座
具体所需的学习资源如下：</td></tr>
</table>

续表

1. 教学平台：互动学习平台
2. 多媒体教室及教学设备：计算机、手机、网络、投影仪、视频、麦克风、评分表、海报、黑板、白板、粉笔、彩纸、水性笔、教杆、磁扣等
3. 信息化教学资源：微信、QQ、多媒体课件、网络资源、文献资料、微课视频、图文案例等多媒体技术手段

四、教学实施过程

教学环节（时间）		学习内容	师生活动	设计意图
课前	预习 （课前一周）	行业竞争环境的因素	1. 教师在微信群发布二维码，明确任务 2. 学生预习课文，了解教学目标，查阅相关资料	培养学生自主学习的能力，让学生了解本课的教学目的，为任务开展做准备
课中	组织教学 （2 分钟）		1. 教师利用互动学习平台签到，登记考勤 2. 学生分组就座，实行组长负责制	培养学生尊敬师长的观念，了解学生到课人数，确保教学任务能顺利进行
课中	教学回顾 （2 分钟）		1. 教师提问，引导学生回顾知识点 2. 学生小组抢答，巩固知识点，并进入本节课的学习内容	通过回顾知识点考查学生对知识点的理解程度
课中	新课导入 （3 分钟）		结合课文，播放微视频《无接触配送》	视频展示直观明了，唤起学生学习兴趣，明确学习目标
课中	讲授新课 （5 分钟）	行业竞争环境分析的 5 种因素，即波特五力	1. 教师引导学生结合微视频内容，自行归纳需考虑的因素 2. 学生进行思考、分析，加深对学习内容的理解	学生掌握该知识点的同时，通过老师讲解，锻炼解决问题能力和语言表达能力，为分析案例奠定基础

续表

教学环节（时间）		学习内容	师生活动	设计意图
课中	布置任务（1分钟）		教师给出任务 任务一：用刚刚所学的知识，对《馋蟹煲饮食公司所处的行业进行竞争环境分析》的内容进行归纳总结 任务二：各组代表以海报形式展示成果并对其他组进行点评	充分发挥学生的主体作用，通过讨论、思考、总结等形式让学生自觉学习，同时拓宽学生的专业知识视野，提高学生参与课堂的实践能力
课中	任务实施（10分钟）	波特五力	1. 教师跟进学生分组讨论、巡回指导、检查进度 2. 学生浏览教材，分工合作、组内讨论，加深对知识点的理解	通过小组共同完成任务，培养学生分析归纳、合作探究、组织管理及表达能力
课中	成果展示（10分钟）		1. 老师观察各组表现，帮助学生完成成果展示；穿针引线，过程监控 2. 各组学生派代表抽签、展示、解说 3. 教师分发评分标准，张贴评分海报等资料 4. 组长按照评分标准给各组打分	通过情境设计，使学生亲身体验、思考、探究，掌握教学重点，突破教学难点
课中	任务评价（8分钟）		教师引导学生相互点评并找出各组亮点。教师对学生成果进行总体评价	引导学生通过互评、教师总评提升对知识点的理解
课中	课堂总结（2分钟）	本次课的主要内容	1. 总结行业竞争环境分析考虑因素 2. 波特五力	结合学生成果展示的内容，表扬并鼓励学生
课中	布置作业（2分钟）		1. 请选择学校附近的一家企业，通过多渠道资料收集，对该企业所处的行业进行竞争环境分析 2. 完成教材19页练一练部分，填写图表	巩固知识，对下节课的内容进行铺垫，激发学生对下节课内容的兴趣
课后	辅导与答疑		回顾教材15~19页知识点内容	学生梳理知识点，巩固学习内容

续表

五、学业评价

本课的学业评价是结果性评价和过程性评价相结合，分为两部分：小组互评、教师点评

教师展示任务评价表，请进行小组间互相点评

任务评价表

评价指标		一组	二组	三组	四组	教师点评
专业能力（40 分）	设计思路					
	知识运用					
	方案创意					
	表演效果					
方法能力（30 分）	资料整理					
	归纳分析					
	自主学习					
社会能力（30 分）	团队合作					
	语言表达					
	沟通协调					
总分	共 100 分					

六、附件

1. 预习作业任务书
2. 课程任务书工作页
3. 无接触配送

第二课　企业竞争战略教学设计 6

教学单元（课）	第二单元　商业环境与企业战略 第二课　企业竞争战略	课时	1~2 课时
教学内容	企业竞争战略选择		
教学对象	授课专业	授课班级	学生人数
	电气自动化安装与维修专业	五年制高级班 高级阶段	32
学情分析	该班学生思维活跃，喜欢动手实践，本学期即将到××公司实习，对企业实习生活感到既新奇又忐忑，有想要认识企业的迫切愿望。能够熟练运用网络平台、微信、QQ 群、互动学习平台等各种信息化手段进行自主学习。具备团队合作意识和严谨细致的工作态度，具有较好的分析问题和解决问题的能力。学生对企业竞争战略并不熟悉		
一、教学目标			
使学生掌握企业战略的含义，熟悉企业战略的类别；了解企业的竞争环境，熟悉企业竞争战略的内涵，掌握不同企业竞争战略的内容；引导学生初步掌握分析市场和竞争对手的方法，能选择合适的竞争战略及措施；通过小组合作学习，提高学生的沟通交流、协作合作能力，学会应对风险，提高社会适应能力			
二、重难点分析			
重点：不同企业竞争战略的内容 重点突破策略： 1. 课前学生通过互动学习平台进行学习，了解企业竞争战略的内容及竞争战略的特点 2. 课中学生通过知识检测、头脑风暴、教师讲解突破重点 难点：分析市场和竞争对手，选择合适的竞争战略及措施 难点化解策略： 1. 课前要求学生进行案例分析，帮助学生熟悉相关企业采用的竞争战略，分析采用该战略的原因并对学习结果进行归纳 2. 课中通过沙盘游戏模拟经营等方式，引导学生初步学习企业竞争战略，通过体验式教学活动，掌握相关技能 3. 课后要求学生调研分析服务类企业，进一步巩固所学知识，从而化解难点			

续表

<table>
<tr><td colspan="5">三、学习资源</td></tr>
<tr><td colspan="5">创建将校园环境与企业环境、校园文化与企业文化、理论学习与实践学习、学习过程与工作过程融为一体的学习场所
1. 多媒体教学设备：投影设备、音响设备、智慧黑板
2. 信息化教学资源：微课《企业竞争战略》、多媒体课件、企业案例资源库、互动学习平台
3. 教具：白板、磁扣、大白纸、白板笔、沙盘游戏培训包
4. 学习材料：教材及工作页等</td></tr>
<tr><td colspan="5">四、教学实施过程</td></tr>
<tr><td colspan="2">教学环节（时间）</td><td>学习内容</td><td>师生活动</td><td>设计意图</td></tr>
<tr><td>课前</td><td>发布
课前作业</td><td>1.《企业竞争战略》微视频
2. 企业战略的含义
3.《沙盘游戏怎么玩》
4. 企业竞争战略的选择
5. 校企合作企业调研</td><td>1. 课前分组：全班同学分为4组，每组8人
2. 教师通过互动学习平台发布微视频（见附件）。组织学生课前预习，完成课前学习任务，画出思维导图，梳理知识点
任务一：企业发展的战略有哪些？对企业生存与发展起到决定作用的是什么？企业竞争战略的内容
任务二：案例分析
永辉超市、谭木匠、格力空调采取了怎样的战略
任务三：校企合作企业××有限公司企业调研
3. 学生确定小组长，由小组长带领组员完成任务一、任务二的知识学习和梳理，组织讨论并画出思维导图。通过小组合作，完成任务三，填写工作页，做好汇报准备</td><td>1. 激发学生兴趣，调动学生积极性
2. 引导学生自主学习书本知识点，同时实现社会能力目标：提高沟通合作能力
3. 运用思维导图梳理知识，沙盘游戏的观看为课堂教学活动的开展奠定基础</td></tr>
<tr><td>课中</td><td>环节（一）
学习检测
（6分钟）</td><td>1. 签到及问候
2. 学习结果展示
3. 企业战略分类与含义
4. 企业竞争战略的类别</td><td>1. 课前准备：教师检查各小组人员情况，安排组长检查组员工作页的完成情况，登记学生出勤。学生分组就座，在互动学习平台完成签到
2. 知识检测：组织学生扫码进行小测验，检测课前学习效果
3. 小组汇报：教师鼓励学生上台讲解，学生展示思维导图，梳理脉络；教师对学生汇报进行点评</td><td>巩固课前学习成果，锻炼学生表达能力和组织能力</td></tr>
</table>

续表

<table>
<tr><th colspan="2">教学环节（时间）</th><th>学习内容</th><th>师生活动</th><th>设计意图</th></tr>
<tr><td>课中</td><td>环节（二）
任务发布
组建团队
（2 分钟）</td><td>1. 任务发布
2. 团队组建</td><td>1. 发布任务：××有限公司正在进行企业竞争战略的选择，如果你是 CEO，你会如何做？学生带着这个任务进入本次课堂
2. 组建团队：学生接受任务，组建企业团队，根据企业岗位职责内容，对自己进行深入剖析，在采购、生产、销售、财务、CEO 中选择适合自己的岗位任务，在 CEO 的带领下组建好自己的企业团队，为企业命名</td><td>1. 任务驱动教学围绕任务展开学习，使学生主动探究、思考、实践
2. 组建团队提升学生沟通交流与管理能力</td></tr>
<tr><td>课中</td><td rowspan="4">环节（三）
知识运用
互动教学
（30 分钟）</td><td>1. 头脑风暴
2. 企业竞争战略的概念
3. 企业采用特定竞争策略的原因和措施</td><td>活动一：头脑风暴
教师组织学生根据永辉超市、谭木匠、格力空调的竞争战略，思考企业采用相关竞争战略的原因及企业采用相关竞争战略的措施。思考××有限公司可以采取的战略及措施，写在白板上，学生展示，教师及时评价</td><td>头脑风暴训练学生的创新思维，巩固上节课知识</td></tr>
<tr><td>课中</td><td>1. 成本领先战略
2. 差异化战略
3. 专一化战略</td><td>活动二：知识归类
1. 学生根据头脑风暴结果，确定本组××有限公司竞争战略，明确具体措施及选择原因
2. 教师针对三种竞争战略的含义进行知识点拨</td><td>梳理知识点，为后续互动奠定基础</td></tr>
<tr><td rowspan="2">课中</td><td rowspan="2">1. 沙盘游戏的玩法
2. 企业竞争策略的选择
3. 分析市场和竞争对手，选择合适的竞争战略及措施</td><td>活动三：沙盘小游戏模拟经营
（一）游戏介绍
教师介绍企业经营的方法。展示游戏中的道具：货币、原料、产品、厂房、设备，引导学生充分考虑竞争组的战略，分析市场并做好记录</td><td>1. 游戏教学引发学生思考
2. 为下一个环节奠定基础</td></tr>
<tr><td>（二）模拟经营
教师对竞争策略的选择进行点拨，引导学生展开具体经营活动。PPT 展示具体步骤（见附件工作页）
1. CEO 召开市场分析会议。讨论分析竞争组的战略选择，完善本组企业竞争策略及可采取的措施
2. 学生根据角色分工，完成经营活动，共同填写经营过程记录
3. 小组记录采用竞争战略的原因和具体措施</td><td>沙盘游戏激发学生学习兴趣，提升学生的知识运用能力，进一步提升对企业经营、管理、运营的认识</td></tr>
</table>

续表

<table>
<tr><th colspan="2">教学环节（时间）</th><th>学习内容</th><th>师生活动</th><th>设计意图</th></tr>
<tr><td>课中</td><td>环节（四）
成果展示
评价总结
（7分钟）</td><td>1. 多元评价
2. 课堂总结</td><td>1. 成果展示：将各组销售结果填入表中，上传互动学习平台，分享活动体验
2. 各方评价：小组组员根据知识掌握情况，对自己参与度、贡献值、做出自评、互评，教师给予学生评价
3. 课堂总结：教师对本次课程内容进行总结</td><td>多元评价，促进学生反思提升</td></tr>
<tr><td>课后</td><td>整理场地
课后拓展</td><td>对服务类企业进行初步SWOT分析</td><td>教师通过互动学习平台布置课后作业。走进服务类企业，对其发展战略进行调研分析：分析企业面临的机会和威胁，总结优劣势，制定战略举措，为下一课题做好储备</td><td>1. 培养学生严谨的工作态度
2. 培养学生语言表达能力</td></tr>
<tr><td colspan="5">五、学业评价</td></tr>
<tr><td colspan="5">1. 评价设计思路
本次教学综合考虑学生情感态度、职业基本意识、通用职业知识和通用职业能力，采用学生自我评价、小组自评互评和教师评价相结合的方式。
小组成绩计算=（小组自评×20%）+（小组互评×20%）+（教师评分×60%）
学生个人成绩=小组总成绩×50%+自我评价×50%
2. 评价方式
（1）学生自我评价
自我评价能发现自己存在的问题和不足，进而有针对性地采取措施（学生扫码评价）
（2）小组评价
小组成员根据活动参与情况对本组进行评价，同时小组成员通过整个学习活动的观察和学习对其他小组进行评价（学生扫码评价）
（3）教师评价
评价表的评价要素与教学环节依次对应，能最真实地反馈小组本次任务的完成情况</td></tr>
<tr><td colspan="5">六、附件</td></tr>
<tr><td colspan="5">
1. 学生自我评价
2. 小组评价
3. 教师评价
4.《企业竞争战略》微视频
5.《沙盘游戏怎么玩》
6. 工作页
7. 课堂小测验</td></tr>
</table>

第二课　企业竞争战略教学设计 7

<table>
<tr><td>教学单元（课）</td><td colspan="2">第二单元　商业环境与企业战略
第二课　企业竞争战略</td><td>课时</td><td>1 课时</td></tr>
<tr><td>教学内容</td><td colspan="4">SWOT 分析</td></tr>
<tr><td rowspan="2">教学对象</td><td colspan="2">授课专业</td><td>授课班级</td><td>学生人数</td></tr>
<tr><td colspan="2">汽车维修</td><td>五年制高级班
中级阶段</td><td>40</td></tr>
<tr><td rowspan="3">学情分析</td><td></td><td colspan="2">机会——O
在企业工学交替学习，对于汽车制造行业的运营有一定的了解</td><td>威胁——T
1. 知识面较窄
2. 对于企业管理相关知识收集较少</td></tr>
<tr><td>优势——S
1. 学生已熟悉企业外部分析的 PEST 法和波特五力分析法
2. 学生已经养成较好的团队协作分工的习惯</td><td colspan="2">S-O 对策
以“特斯拉上海建厂”为案例引入课程</td><td>S-T 对策
利用翻转课堂，提供企业管理相关故事给学生课前学习</td></tr>
<tr><td>劣势——W
1. 自主学习能力较差
2. 知识迁移能力较差
3. 自我管理能力较差</td><td colspan="2">W-O 对策
利用工学一体的教学模式（引入企业管理和考核办法）促进学生自主学习</td><td>W-T 对策
讲解要生动，易于理解</td></tr>
<tr><td colspan="5">一、教学目标</td></tr>
<tr><td colspan="5">掌握 SWOT 的含义和内容，能对特斯拉在中国建厂进行初步的 SWOT 分析，并用简练的语言客观、准确地概括和归纳表达出来。培养学生理性分析的思维模式</td></tr>
<tr><td colspan="5">二、重难点分析</td></tr>
<tr><td colspan="5">重点：掌握 SWOT 的含义和内容
重点突破策略：利用案例引入，帮助学生理解和记忆企业战略的含义和内容
难点：对特斯拉在中国建厂进行初步的 SWOT 分析
难点化解策略：先从个人职业生涯 SWOT 分析入手，再对特斯拉在中国建厂进行初步的 SWOT 分析。整个教学过程中，教师引导学生进行头脑风暴，结合小组竞赛法等，激发学生的学习积极性</td></tr>
</table>

续表

三、学习资源

1. 多功能活动室：

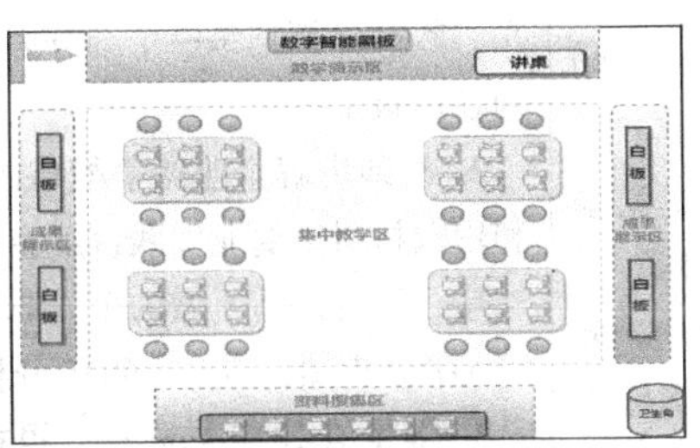

2. 工具：电脑、多媒体教学设备、白板、学生智能手机、一体化学习台、龙虎榜、奖励卡、商业书籍、彩笔、彩色纸、A4 白纸、SWOT 模板图

3. 学习材料：互动学习平台、工作页《SWOT 分析》、企业管理网络资源、自我评价表、小组评价表、过程评价表、SWOT 分析方案的评价表、综合评价表

四、教学实施过程

教学环节（时间）		学习内容	师生活动	设计意图
课前	课前学习与学习反馈（30 分钟）	预习 SWOT 中 S、W、O、T 分别是什么？	1. 学生分组学习特斯拉的创业之路，思考特斯拉在汽车行业的定位是什么？ 2. 学生通过网络查询相关资料，制作个人职业生涯 SWOT 图，提交打卡程序	培养学生自主学习、查阅资料、信息收集整理能力
课中	环节一：工作准备（2 分钟）	记录考勤，复习上次课内容	1. 教师检查学生仪容仪表；完成学生课前考勤；学生分组就座，实行组长负责制 2. 教师用 PPT 展示复习内容；随机抽取同学回答问题，教师点评学生回答情况	培养学生注重仪容仪表；分组教学法便于后续课堂管理
课中	环节二：案例引入（3 分钟）	有关案例及视频	1. 教师播放特斯拉发展历程和为何进入中国的相关视频 2. 学生观看视频并思考特斯拉为什么在中国建厂	案例教学法联系实际，激发学生的学习兴趣

续表

教学环节（时间）		学习内容	师生活动	设计意图
课中	环节三：SWOT 的含义和内容（10 分钟）	1. SWOT 的含义 2. 企业竞争战略的种类 3. SWOT 分析：优势与劣势分析、机会与威胁分析	1. 教师先给学生介绍 SWOT 的含义，教师举例把每一个细分因素大类列在白板上 2. 教师讲解企业竞争战略的种类，利用教材所给商业实践讲解企业竞争战略；结合课前所做的个人职业生涯 SWOT 分析图，讲解 SWOT 分析内涵 3. 学生查找相关资料，根据老师列举的学生职业生涯规划的影响因素，组内讨论后选取符合自身实际的因素写在纸条上，并贴在白板上	个人职业生涯规划 SWOT 分析既有利于学习企业 SWOT 分析，又能帮助同学进行职业生涯规划
课中	环节四：商业实践二 SWOT 分析图制作（20 分钟）	SWOT 分析步骤	1. 教师引导学生确认当前战略 2. 确认企业外部环境的变化 3. 根据企业资源组合、业务布局等情况，对企业的优势、劣势进行评价 4. 将上一步的结果在 SWOT 分析表上进行定位，将刚才的优势和劣势，以及机会和威胁分别填入表格，并针对不同的战略，采取不同的战略措施 5. 学生以小组为单位完成特斯拉进军中国市场的 SWOT 分析图	1. 通过创设情景，培养学生企业管理的思维模式 2. 头脑风暴法激发学生学习兴趣。分组讨论培养学生语言表达和团队合作能力
课中	环节五：总结评价、工作反馈与课外拓展（5 分钟）		1. 学生扫描二维码进行本课自评，小组评价在白板上进行 2. 教师根据 SWOT 分析方案评分表进行评价，发放奖励卡 3. 学生聆听教师点评并记录作业内容	促进学生对过程反思，培养学生总结归纳提升的能力
课后	练习（20 分钟）		学生完成××汽车的 SWOT 分析图 通过网络、电视、广播、纸质媒体收集××汽车的相关资料	培养学生自主学习、信息收集整理能力

续表

五、学业评价

本次课程评价结合企业标准，评价 SWOT 分析方案。评价内容以教学目标为依据，侧重学生情感态度、职业基本意识、通用职业知识和通用职业能力四位一体的综合评价。教师控制整个教学过程，点评情感态度、职业基本意识等综合能力

1. 学业评价

（1）学生自评（见附件）：

采用信息化手段，将学生自评表制作为二维码，通过扫描二维码的方式填写评分表，方便快捷

（2）小组互评：

采用白板量化评价方式，有利于组员之间互相监督，互相帮助

小组团队合作评价标准：

①每一次成功的团队合作，教师表扬一次，加 10 分

②制定 SWOT 分析方案，SWOT 分析方案得分最高的组加 20 分，后面依次是 10 分、0 分和扣 20 分

③抢答问题时，小组合作每回答正确一个问题加 10 分

④每组发现违反课堂纪律，每人次扣 2 分

小组名称	团队合作	SWOT 分析方案制定	回答问题	违反课堂纪律	仪容仪表	总分

（3）教师评价：SWOT 分析方案的评价表（见附件）

2. 综合评分

姓名	方案评分（35%）	企业评分（35%）	小组得分（20%）	自评得分（10%）	综合评分	总评

总评：小工匠（100~90 分）　小能手（89~80 分）　小熟手（79~70 分）　小学徒（69 分及以下）

综合评价为“小工匠”的同学找老师领取奖励卡

累计 15 个奖励卡，找老师领取一本商业书籍

续表

六、附件
 1. 学生自评表 2. SWOT 分析方案的评分表 3. 工作页《SWOT 分析》

第三单元　市 场 营 销

第一课　市场及市场目标定位教学设计 8

<table>
<tr><td>教学单元（课）</td><td>第三单元　市场营销
第一课　市场及市场目标定位</td><td>课时</td><td>2 课时</td></tr>
<tr><td>教学内容</td><td colspan="3">市场细分、目标市场选择的策略和市场定位的基本方法，即 STP 理论分析法</td></tr>
<tr><td rowspan="2">教学对象</td><td>授课专业</td><td>授课班级</td><td>学生人数</td></tr>
<tr><td>烹饪（中西式面点方向）</td><td>五年制预备技师班
预备技师级</td><td>20</td></tr>
<tr><td>学情分析</td><td colspan="3">所授班级为烹饪（中西式面点）预备技师层级，女生为主，即将去企业实践，学生们思维开放、活跃，喜欢动手，很多学生都有暑期兼职的工作经验，实践性较强；通过学习已经掌握了用 SWOT 工具分析法分析企业情况的能力。存在的问题是上课注意力集中时间短，对理论学习缺乏兴趣，自主学习能力较弱。本节课的学习采取如下方法：1. 引入经典案例，吸引学生注意力。2. 采用视频导入、案例分析、丰富的课堂学习活动、小组合作探究等手段，充分开拓学生思维，发挥团队合作优势</td></tr>
<tr><td colspan="4">一、教学目标</td></tr>
<tr><td colspan="4">理解市场、市场营销和市场调查的概念与内涵，掌握 STP 理论的概念和内涵，能够对产品进行初步的市场定位，培养创新创业意识</td></tr>
<tr><td colspan="4">二、重难点分析</td></tr>
<tr><td colspan="4">重点：STP 理论的概念和内涵
重点突破策略：引出味多美经典案例，激发学生积极思考，通过案例分析和小组讨论，自主学习，教师讲解，从而理解和掌握 STP 理论的概念和内涵
难点：产品市场定位的方法和策略
难点化解策略：结合广告语竞猜活动、案例分析、小组讨论、课后拓展等展开</td></tr>
</table>

续表

三、学习资源

1. 教学平台：互动学习平台
2. 多媒体教室及教学设备：电脑、手机、网络、投影仪、麦克风、白板、彩色卡片纸等
3. 信息化教学资源：演示文稿（以下简称 PPT）、网上视频、案例资料
4. 其他资源：学生评价表、市场定位分析表

四、教学实施过程

教学环节（时间）		学习内容	师生活动	设计意图
课前	小组调研（课前一周）	SWOT 分析法	1. 教师课前一周在互动平台上下发调研工作任务，要求学生以小组为单位去家附近或者学校附近的面包店使用 SWOT 分析法对面包店进行实地调研 2. 小组成员在互动平台或者微信群里讨论确定调研企业，确定调研计划和方法及分工，教师指导 3. 学生以小组为单位上课当天早上在互动平台上提交调研结果 4. 教师根据各组学生的讨论和调研调整教学方式和节奏，使教学更具有针对性	对上节课所学知识进行复习和巩固的同时，也便于教师新课导入
课中	组织教学 2 分钟		1. 教师利用互动学习平台发起“一键签到” 2. 师生互相问候，小组长汇报课前任务完成情况	平台签到帮助学生尽快进入学习状态
课中	导入（8 分钟）	视频《味多美原料篇》	1. 各小组将每组调研结果用彩色卡片纸展示在白板上，派 1 名同学描述所调研企业的优势、劣势、机会和威胁。教师点评，导入新课 2. 教师播放优酷网上下载视频《味多美原料篇》，提出问题：为什么味多美能在北京竞争激烈的面包市场上拥有 300 多家店面？学生观看后，进行头脑风暴，抢答教师问题	学生们展示并介绍自己的调研成果，巩固专业知识的同时增强学生的成就感 抢答活动激发学生积极思考

续表

教学环节（时间）		学习内容	师生活动	设计意图
课中	新课讲授及互动教学（共70分钟）	市场 市场营销 市场调查 市场定位 （20分钟）	1. 学生分小组自主阅读教材第一课第一节和第二节，快速寻找市场、市场营销和市场调查的概念，教师检查提问 2. 教师提问市场调查的方法，各小组派1名代表举例说明观察法、询问法、实验法和文案调查法 3. 教师展示味全果汁的图片，学生看图片，说出对味全果汁的第一印象，引出市场定位的概念 4. 广告语竞猜。教师展示几条耳熟能详的广告语，学生分组抢答，是哪种产品的广告语，通过抢答，让学生了解到市场定位的重要性	引导学生自主学习，激发学生的学习能力，提升教师的课堂驾驭能力 头脑风暴竞猜活动激发学生的表现欲和好胜心，吸引更多的学生参与课堂活动中，同时引出目标市场定位的概念
课中		STP 理论之市场细分原则（25分钟）	5. 教师下发文章《味多美——从不做广告的面包房，为何在北京红了19年》，提出问题：味多美是怎么细分市场的？味多美的目标市场策略是什么？味多美是怎么进行市场定位的？各小组阅读案例并讨论，派代表分享讨论结果 6. 学生阅读市场细分部分的内容，结合味多美案例，总结市场细分的依据	通过案例分析、小组讨论总结市场细分的概念和依据，培养学生独立思考、自主学习和团队合作的意识
课中		STP 理论之目标市场选择（15分钟）	7. 学生分小组自主阅读选择目标市场的三种策略，讨论可口可乐公司、宝洁公司和法拉利公司采用的是哪种市场策略，并作说明，教师点评	分小组进行案例讨论和探究，引导学生积极探究并解决问题
课中		STP 理论之市场定位（10分钟）	8. 教师通过知名品牌市场定位案例，引导学生总结市场定位的核心就是与众不同。再次强化市场定位的重要性	通过图片展示、案例启发，帮助学生理解和总结市场定位的要素

续表

教学环节（时间）		学习内容	师生活动	设计意图
课中	评价（6分钟）	学生自评 组间互评 老师点评	9. 教师下发评价表，组织学生对课前和课中学习活动中自己的表现和其他组的表现进行自评和小组互评。教师最后进行点评	评价多元化，以评促教，以评促学
课中	小结（2分钟）	重点和难点	10. 教师对学生理解不透的概念进行讲解，总结课上各小组的表现，鼓励学生大胆思考，实现自我成长	对重要知识点查漏补缺，鼓励学生大胆思考，接受挑战
课中	作业布置（2分钟）	作业《面包店的市场定位》	如果你们毕业后打算开一个面包店，在烘焙市场竞争如此激烈的情况下，请用所学的STP理论，小组共同完成主打产品的市场定位，填写《市场定位分析表》	帮助学生对所学知识进行实践和运用
课后	辅导答疑	STP理论相关知识与作业	教师在平台上随时回答学生对于STP理论相关知识的问题，帮助学生更好地理解课上知识点	帮助和指导学生完成课后拓展

五、学业评价

本课的学业评价贯穿于整个课堂，包括学生自评、小组互评和教师点评；教师将各小组在课前、课中各个学习环节的表现设置评价，以评促学，以评促教

（一）学生自评

学生自我评价主要从课前调研、自主学习、抢答竞猜、案例分析、通用素质的角度进行，帮助学生回顾和自省，培养他们自主学习、沟通合作、思考分析的通用职业素质能力

自评表

评价项目和评价要素		分值分配	得分
课前调研	积极参与小组调研方案制定，完成自己负责的任务	20	
自主学习	在教师指导下，利用教学视频、教材、学习资料及网络等查找到有效信息并自主完成本课重点概念的学习以及案例分析工作	20	
抢答竞猜	能够积极参与导入抢答和广告语竞猜活动，抢答成功1次得10分，2次及以上得20分	20	
案例分析	能用自己的语言表述所学知识和自己的观点，和小组成员保持积极、有效的讨论和互动	20	
通用素质	能在教师的指导下，积极参与小组探究，独立思考，和组员一起完成课上的学习活动，完成自我评价	20	
合　计		100	

续表

（二）小组互评

教师展示课堂评价表，各小组经过讨论针对评价表中课前调研任务展示、课中自主学习、导入抢答、广告语竞猜、案例分析讨论、团队合作表现等 6 项内容对其他各组进行评价，经小组成员讨论后派代表在相应栏中给其他组画★，获得星数最多的组获胜

课堂评价表（小组评价和教师评价用）

	第一小组	第二小组	第三小组	第四小组	教师
调研任务展示					
课中自主学习					
导入抢答					
广告语竞猜					
案例分析讨论					
团队合作表现					

（三）教师评价

根据每个组的综合表现给予星级★评价，结合小组评价完成情况，获得的星数最多的小组成为今天的冠军组，教师对各组的情况进行总结和鼓励

附录 1：竞猜产品活动的广告语

（用于教师做课堂竞猜活动使用，帮助学生理解市场定位的重要性）

1. 怕上火喝……
2. 你的能量超乎你的想象
3. 今年过年不送礼，送礼就送……
4. 充电 5 分钟，通话两小时
5. 海内存知己，大内存天下
6. ……有点甜
7. 味道好极了！
8. 晶晶亮，透心凉

附录 2：课后作业

课后作业需要各小组充分讨论后填写。

面包店市场定位分析表

项目	内容	分析结果
Why	为什么要开面包店？（现找出自己真正开店的动机）	
When	准备什么时候开店？全部资金是否已经到位	
Where	面包店计划开在哪里	
What	面包店想要卖什么产品？简单介绍一下该产品	
Whom	面包打算卖给谁	
Who	谁来经营这家面包店	
Word	营销广告语	

1. 味多美原料篇
2. 阅读材料
3. 更多视频资料

第二课　市场营销策略教学设计 9

<table>
<tr><td>教学单元（课）</td><td>第三单元　市场营销
第二课　市场营销策略</td><td>课时</td><td>2 课时</td></tr>
<tr><td>教学内容</td><td colspan="3">1. 4P 营销理论和应用
2. 营销策略设计</td></tr>
<tr><td rowspan="2">教学对象</td><td>授课专业</td><td>授课班级</td><td>学生人数</td></tr>
<tr><td>电子商务</td><td>五年制高级班
中级阶段</td><td>38</td></tr>
<tr><td>学情分析</td><td colspan="3">授课对象活泼好动，好奇心强，普遍热衷于新媒体和网络，实践能力较强。大部分学生参加过校企合作“双十一电商节”的相关活动，熟悉本专业和市场营销相关内容，具有较扎实的理论知识基础。根据学生特点，使用体验式和角色扮演等相关教学方法，开展线上线下互动式教学</td></tr>
<tr><td colspan="4">一、教学目标</td></tr>
<tr><td colspan="4">使学生理解并掌握产品策略、价格策略、分销策略、促销策略的概念，学会运用 4P 理论进行产品营销设计，培养学生的语言表达能力、思考分析能力和临场应变能力</td></tr>
<tr><td colspan="4">二、重难点分析</td></tr>
<tr><td colspan="4">重点：理解 4P 营销理论的基本内容
重点突破策略：以耳熟能详的广告作为案例导入，采用头脑风暴的方式，调动学生参与课堂的积极性，引导学生深入思考，集思广益
难点：运用 4P 营销策略进行简单的营销方案设计
难点化解策略：开展“谁是销售王 PK 赛”角色体验式游戏，引导学生在游戏中掌握理论知识，又在游戏中实现角色模拟实践，真正做到“学中做、做中学”</td></tr>
<tr><td colspan="4">三、学习资源</td></tr>
<tr><td colspan="4">在教学过程中，利用现代信息化教学工具，打造线上线下混合式教学法，利用新型教学手段和网络优势进行教学
1. 教学平台：互动学习平台
2. 多媒体教室及教学设备：电脑、投影仪、麦克风、手机、网络、白板等
3. 信息化教学资源：PPT、视频、微课及微信群等
4. 教材及拓展学习资料</td></tr>
</table>

续表

四、教学实施过程				
教学环节（时间）		学习内容	师生活动	设计意图
课前	预习（课前的上一周末）	“王老吉凉茶广告集锦”视频 “王老吉市场营销策略”阅读材料	1. 教师使用互动学习平台发布视频和阅读材料，要求学生认真阅读 2. 教师布置课前任务：检索王老吉公司相关信息及其主要产品，让学生带着问题去思考 3. 推荐和本次课内容相关的案例，帮助学生拓展信息	预习让学生带着兴趣和问题走进课堂
课中	组织教学（2 分钟）		师生问候，登记考勤	
课中	导入（10 分钟）	《肯德基 6 元早餐》广告视频	1. 教师播放视频，问学生如下问题：从这个视频之中，你发现了哪些关键信息？这个广告最想向我们传达的信息是什么？你从中获得了什么启发？ 2. 学生以小组为单位快速抢答 3. 教师根据学生回答进行筛选和总结，引出知识点：产品策略、价格策略、分销策略、促销策略	视频能够调动学生的兴趣；抢答实现思维的延伸和拓展
课中	新课讲授及互动教学（共 40 分钟）	产品策略	1. 教师导入课前下发的王老吉凉茶案例，引导学生进行深度剖析，讲解产品策略的概念 2. 教师再次播放凉茶视频提出以下问题： 王老吉产品的概念是什么 “王老吉”旗下有哪些产品，它们主打什么？ 3. 学生分组讨论，回答教师提出的问题，理解产品组合的概念	小组讨论可以提升学生的表达和沟通能力；新课知识点与课前导入进行衔接，首尾呼应帮助学生建立思维逻辑
		价格策略	1. 教师讲解价格策略概念，提出关于定价策略的问题： “王老吉”凉茶的价格是统一的吗？ 你还知道哪些产品有不同的价格？ 2. 学生根据课前线上平台查阅的资料分组回答教师的问题，小组讨论如何制定产品价格，派代表分享结论，教师点评引出弹性价格策略和参考价格策略	自主查阅和小组讨论可以提高学生主动获取知识的能力，有助于调动学生学习主观能动性

续表

教学环节（时间）		学习内容	师生活动	设计意图
课中	新课讲授及互动教学（共40分钟）	分销策略	1. 教师引入耳熟能详的广告词“没有中间商赚差价”等，启发学生对以下问题进行思考和讨论： 在哪里能买到王老吉凉茶？哪里买到的王老吉凉茶最便宜？为什么？ 2. 学生分组积极思考，回答老师的问题，学习理解分销渠道的概念 3. 教师举例说明分销渠道设计，帮助学生明确分销渠道设计的步骤	锻炼学生发散性思维
		促销策略	1. 教师在讲解促销策略时，提出以下问题作为导入： 王老吉凉茶请谁为其广告代言 超市里是怎么销售“王老吉”凉茶的 2. 学生分组讨论，从上述问题出发，理解促销策略分类和常用促销策略的概念	通过广告代言，将学生的兴趣点与促销策略结合起来
课中	知识点总结，思维导图分析（6分钟）	4P营销理论知识体系	教师采用问答形式，指导学生回答前面学习的4P营销理论相关问题，利用软件现场绘制思维导图	思维导图的绘制有助于学生自身知识体系的建立，为接下来的营销策划活动做好理论铺垫
课中	营销组合策略设计课堂活动（共30分钟）	营销方案设计	“谁是销售王PK赛”体验式活动 1. 教师宣布活动规则：本次活动模拟企业营销策划部门进行营销设计比赛。每组五个人，共两组，自愿报名，先到先得，抽签分组。其他同学作为消费者参与评审投票，票数最多组获胜 2. 比赛共有四个环节：①两组利用问卷星对消费者进行问卷调查。调查内容小组讨论决定。调查主题是：“如果只有3 000元预算，你们会买市面上哪款手机？”②两组根据问卷结果决定选择哪款手机进行产品营销组合设计。③小组将最终结果以海报的形式呈现。④消费者进行投票，选出性价比最高的手机 3. 教师现场颁发“最佳营销设计”大奖给获胜团队 4. 教师点评各小组设计的营销方案，帮助学生理解	体验式活动可以增强学生的课堂参与感。通过活动实现理论与实践的有机结合。以任务为载体，很好地解决了本节课的难点，让学生真正做到学中做，做中学，体现了课堂的互动性

续表

教学环节（时间）		学习内容	师生活动	设计意图
课中	作业布置（2 分钟）		学生课后小组讨论，完善营销方案设计。教师根据作业情况，及时点评和反馈	在总结中温故知新，培养书面表达能力
课后	辅导与答疑		教师在互动学习平台上在线答疑，帮助学生拓展与延伸市场营销策略的知识点	课外延伸使知识点更具系统性和专业性

五、学业评价

本次课采用学生自评、教师点评结合的评价方法。学生和教师分别对课上小组任务完成情况进行评价。注重学生的实践能力，锻炼其发散思维，在讲解知识点的同时着重解决学生在今后步入企业后面对的实际问题，培养学生良好的语言表达能力、问题分析能力、临场应变能力

小组评价表

项目	评分项目	分值	得分
活动内容（30%）	1. 小组分工明确，团队任务分配清晰，组员参与度高	10	
	2. 团队活动中，组员紧扣活动内容，没有从事无关活动	10	
	3. 活动内容有新意	10	
团队沟通能力（30%）	1. 各组员能协调合作，有效解决活动中的沟通障碍与矛盾，具备问题分析能力	10	
	2. 团队展示时，语言表达准确、严谨、逻辑性强，表达紧扣活动主题，具备临场应变能力	10	
	3. 面部表情自然，肢体语言形象生动	10	
课堂满意情况（40%）	1. 认真完成课前预习作业	8	
	2. 认真完成小组讨论	8	
	3. 认真参与头脑风暴活动	8	
	4. 正确绘制思维导图	8	
	5. 认真完成课后作业	8	
总　计		100	

六、附件

1. 阅读材料
2. 更多视频资料

第三课　市场营销应用教学设计 10

<table>
<tr><td>教学单元（课）</td><td>第三单元　市场营销
第三课　市场营销应用</td><td>课时</td><td>2 课时</td></tr>
<tr><td>教学内容</td><td colspan="3">体验营销、事件营销、口碑营销、网络营销等营销组合应用方式及营销方案</td></tr>
<tr><td rowspan="2">教学对象</td><td>授课专业</td><td>授课班级</td><td>学生人数</td></tr>
<tr><td>广告设计与制作专业</td><td>五年制高级班
中级阶段</td><td>24</td></tr>
<tr><td>学情分析</td><td colspan="3">授课对象是计算机广告设计与制作专业的高级班，共 24 人。多数学生在学校学生创业中心担任骨干，实践经验丰富。根据强弱组合的原则将学习主动性差的同学均分到各组，发挥社团成员帮扶作用，保证课堂的学习组织效果；学生通过学习已经具备一定的市场营销知识和软件操作能力；适应一体化教学模式，能利用网络平台自主学习；表现欲强，喜欢实地调查研究。学生存在理论学习能力较弱，耐心不足的问题</td></tr>
<tr><td colspan="4">一、教学目标</td></tr>
<tr><td colspan="4">帮助学生掌握体验营销、口碑营销、事件营销、网络营销的概念及主要策略；掌握营销组合应用的方式；能够在一定的商业情境下设计市场营销方案</td></tr>
<tr><td colspan="4">二、重难点分析</td></tr>
<tr><td colspan="4">重点：掌握体验营销、网络营销、事件营销、口碑营销等营销组合应用的方式
重点突破策略：
1. 课前教师在互动学习平台上发布微课，将知识点内容前移
2. 课中教师通过知识检测、头脑风暴、案例分析、知识讲授等突破重点
难点：在商业情境下设计市场营销方案
难点化解策略：
1. 课前引导学生进行案例调研，分析同类型商业案例的营销方式，并对调查结果进行归纳汇总
2. 课中教师通过任务驱动，引导学生组建团队，进行市场定位分析、商业案例分析并形成市场营销思维导图，通过小组模拟营销活动，让学生从活动中体验和习得知识
3. 课后与企业专家对接，进入企业实战，积累营销经验，从而化解难点
教学过程中通过翻转课堂、任务驱动、项目教学、引导文教学、头脑风暴法、思维导图法等方法突破重难点</td></tr>
</table>

续表

三、学习资源				
1. 网络学习平台：互动学习平台 2. 多媒体教室及教学设备：电脑、投影仪、手机、白板等 3. 信息化教学资源：PPT、视频、微信群 4. 教材及工作页				
四、教学实施过程				
教学环节（时间）		学习内容	师生活动	设计意图
课前	自主学习 实地调研 （提前一周）	1.《听我说营销》微视频 2.《网红故宫》案例 3. 某陶瓷企业营销实例	1. 教师在互动学习平台上发布《听我说营销》微视频，学生完成体验营销、网络营销、事件营销、口碑营销相关知识的预习并填写工作页中“微课自学”部分的内容 2. 教师在互动学习平台上发布《网红故宫》案例（见教材 66～68 页），学生完成工作页思考题 1～3 3. 教师微信群布置课前市场调研任务，学生线下深入本地某陶瓷厂线下门店进行调研，明确市场定位。引导学生通过街头采访等形式了解客户所喜爱的陶瓷促销活动，完成工作页中的“案例调研” 4. 教师及时记录学生课前学习数据。详细部署各项任务具体事项，确保学生安全，与学生网上交流互动，收集、梳理学生困惑	1. 翻转课堂提高学习效率，培养学生自主探究、主动学习能力 2. 案例调研，让学生走出课堂，锻炼合作与沟通能力
课中	准备汇报 获取资讯 （10 分钟）	1. 调研成果分析 2. 知识检测 3. 陶瓷企业营销项目任务	1. 准备活动：教师强调实训室管理规定，登记学生出勤。学生分组就座，共 4 个小组，每组 6 人 2. 成果汇报：教师安排组长检查组员工作页的完成情况，组织学生进行调研结果展示，并总结评价各组展示 3. 知识检测：体验营销、事件营销、口碑营销、网络营销的主要内容，学生手机扫码完成答题 4. 明确任务：介绍陶瓷企业营销方案的策划安排	学生汇报课前调研结果，共享信息，培养学生总结归纳能力

续表

教学环节（时间）		学习内容	师生活动	设计意图
课中	领取任务 制订计划 （15 分钟）	1.《网红故宫》中的营销方式 2. 体验营销、网络营销、口碑营销、事件营销的应用	1. 分析《网红故宫》中的营销方式，教师讲授体验营销、网络营销、口碑营销、事件营销。学生进一步研讨案例 2. 各组长召开组内会议，讨论某陶瓷店的营销活动工作计划。组长作为营销主管对本次任务进行细划，明确每个组员的角色和任务，责任细分到人，明确每个阶段需要交付的材料。教师监控会议，巡回指导	1. 组内会议讨论分工，培养团队协作能力 2. 制订工作计划，细分工作任务，锻炼分析策划能力
课中	集思广益 方案设计 （30 分钟）	体验营销、口碑营销、网络营销、事件营销的营销方案	活动一：头脑风暴小游戏“我的店铺我营销” 各组思考陶瓷门店营销方式，写在白板上。学生代表进行展示，教师及时评价，给考虑最全面的小组奖励	头脑风暴训练学生的创新思维
		营销方案的制定	活动二：我来画一画 教师引导学生将头脑风暴成果根据四种营销模式进行分类，并绘制思维导图	绘制导图提高学生分析归纳能力
		营销方案的完善	活动三：我的小方案 教师根据展示汇报，集中解决各组出现的“疑难杂症”，个别指导，协助小组确定方案并完成本环节过程性评价	锻炼学生的表达（沟通能力和解决问题能力）
课中	模拟营销 方案实施 （15 分钟）	营销方案的实施	活动四：迷你小市场 1. 教师给每位同学发放一张购买券，给每组分配一个摊位。各组按照顺序展示陶瓷门店营销方案，各小组根据营销方案制作展板，完成模拟经营 2. 学生按照自己的喜好选择本组之外的其他小组的产品进行购买，每组按照收回的购买券数量统计销售额 3. 教师观察各组表现，肯定学生的创新成果，同时对存在的问题进行指正	利用情景教学和体验式教学培养学生的实践能力和解决问题能力

续表

教学环节（时间）		学习内容	师生活动	设计意图
课中	成果展示 评价总结 （20 分钟）		1. 成果展示：教师指导学生上传成果 2. 各方评价：①小组自评。各小组对本组方案及成员的表现进行评价，给出自评分，每个学生进行自我评价。②小组互评。听取其他小组评价，对各小组成果进行比较，给出评分。③教师总结点评，评出最优小组 3. 课堂总结：教师对知识点进行总结，强调重难点，明确四种营销组合的应用方式、商业情境下营销方案的设计等知识与技能点。学生根据教师总结情况完成个人学习小结	1. 汇报展示培养学生语言表达能力 2. 多元评价激发学生成就感
课后	整理场地 课后实战	新产品开发知识	教师监督学生完成场地整理，布置课后任务，在互动学习平台上传喜茶新产品案例调研任务	1. 整理场地培养学生严谨规范的职业素养 2. 课后实践锻炼学生工作实战能力

五、学业评价
学业评价设计以学习目标为导向，易于操作为原则，围绕学习过程设计评价要点，从不同角度关注学生综合职业能力和职业素质的养成。学生自我评价、小组评价、教师评价表对学习目标和学习环节进行监控和考核，充分发挥评价的诊断、导向和促进作用，极大地调动学生积极性 总评成绩=自评×10%+组评×40%+师评×50%
六、附件
 1. 学生自我评价 2. 小组评价 3. 教师评价 4.《听我说营销》微视频 5. 购买券 6. 工作页 7. 课堂小测验

第四单元　产品创新与管理

第一课　新产品开发和产品决策教学设计 11

<table>
<tr><td>教学单元（课）</td><td>第四单元　产品创新与产品管理
第一课　新产品开发和产品决策</td><td>课时</td><td>2 课时</td></tr>
<tr><td>教学内容</td><td colspan="3">1. 掌握新产品的基本概念，熟悉新产品开发方法
2. 了解产品包装策略和品牌策略</td></tr>
<tr><td rowspan="2">教学对象</td><td>授课专业</td><td>授课班级</td><td>学生人数</td></tr>
<tr><td>市场营销专业</td><td>五年制高级班
中级阶段</td><td>36</td></tr>
<tr><td>学情分析</td><td colspan="3"> 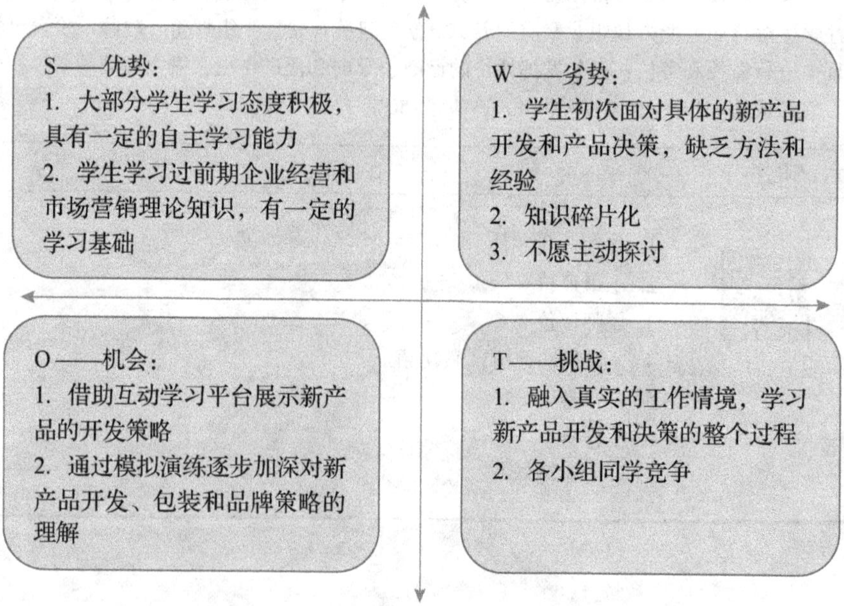S——优势：
1. 大部分学生学习态度积极，具有一定的自主学习能力
2. 学生学习过前期企业经营和市场营销理论知识，有一定的学习基础

W——劣势：
1. 学生初次面对具体的新产品开发和产品决策，缺乏方法和经验
2. 知识碎片化
3. 不愿主动探讨

O——机会：
1. 借助互动学习平台展示新产品的开发策略
2. 通过模拟演练逐步加深对新产品开发、包装和品牌策略的理解

T——挑战：
1. 融入真实的工作情境，学习新产品开发和决策的整个过程
2. 各小组同学竞争</td></tr>
</table>

续表

<table>
<tr><td colspan="5">一、教学目标</td></tr>
<tr><td colspan="5">1. 教师发放课前任务问卷调查和视频，引导学生理解什么是产品创新以及新产品的开发过程
2. 鼓励学生通过小组合作进行模拟案例的设计，掌握企业的产品决策模式、品牌标识、开发构想、产品包装和品牌策略，使学生能够利用所学知识进行企业实践</td></tr>
<tr><td colspan="5">二、重难点分析</td></tr>
<tr><td colspan="5">重点：产品开发的方法
重点突破策略：教师安排学生课前在互动学习平台预习，体验新产品的创新及开发过程，小组任务让学生从活动中学习企业的产品决策模式、品牌标识和包装
难点：分析企业的产品决策模式、品牌标识和包装
难点化解策略：通过课前学习展示、课中小组合作分析、课后模拟实践、互动学习平台展示和评测加深学生的理解</td></tr>
<tr><td colspan="5">三、学习资源</td></tr>
<tr><td colspan="5">1. 场地与设备
多媒体教学设备、无线网络、音响、U 盘
2. 工具与材料
（1）教学白板、卡片纸、海报纸、彩笔等用具
（2）教材、教学 PPT、工作页、活动记录表、活动评价表等</td></tr>
<tr><td colspan="5">四、教学实施过程</td></tr>
<tr><td colspan="2">教学环节（时间）</td><td>学习内容</td><td>师生活动</td><td>设计意图</td></tr>
<tr><td>课前</td><td>课前准备
引领体验
（30 分钟）</td><td></td><td>1. 教师在互动学习平台中发布新产品调研任务
2. 学生在信息化平台班课内，按要求观看视频回答问题
3. 教师批阅学生作业</td><td>锻炼学生自主学习、自我思考的能力</td></tr>
<tr><td>课中</td><td>组织教学
（3 分钟）</td><td></td><td>1. 在互动学习平台签到，学生随机进行分组
2. 教师点评学生作业整体情况，列举学生作业中的不同观点，引入新课概念</td><td>将作业作为学习评价的一部分</td></tr>
<tr><td>课中</td><td>导入教学
（10 分钟）</td><td>1. 新产品的基本概念
2. 新产品开发策略</td><td>1. 教师让学生小组讨论推荐本组优秀作业进行分享
2. 教师对展示学生进行加分奖励
3. 教师利用教学 PPT 讲解产品的概念和新产品的开发过程，重点以华为企业为例，导入学习内容</td><td>让学生自己展示、分享，集思广益，锻炼学生自主学习能力以及表达能力</td></tr>
</table>

续表

教学环节（时间）		学习内容	师生活动	设计意图
课中	布置任务 创设情景 （3分钟）	产品包装策略和品牌策略的含义和种类	1. 小组合作制作《国产品牌策略及其产品包装策略案例》海报 2. 学生对海报进行讲解和评分 3. 学生得分最高小组进行展示讲解 4. 课代表记录成绩	任务驱动式教学提升学生参与工作过程的积极性
课中	查阅资料 获取信息 （8分钟）	产品包装策略和品牌策略的归类	1. 学生阅读教材相关内容 2. 学生查阅相关资料 3. 整理上一环节中海报所记策略，并将策略按种类划分 4. 教师答疑解惑 5. 教师记录学生学习情况	学生利用网络、学材查阅资料，激发学生的灵感
课中	制订计划 合作模拟 （12分钟）	产品决策分析	1. 指导学生制订计划并决策 2. 及时纠正学生讨论时偏离主题的问题 3. 过程评价、更正与完善 4. 巡视学生模拟展示 评价点： （1）小组分工的合理性 （2）计划的合理性和可操作性	小组协作、头脑风暴，培养学生的团队合作能力，发挥学生的创造力
课中	成果展示 （10分钟）	产品决策分析	学生以小组为单位依次进行展示 1. 每个小组成员都要完成“国产品牌策略及其产品包装策略案例”分析的模拟展示 2. 每个小组对展示的内容进行讲解	现场展示与评价提高学生的语言表达能力
课中	激励评价 迁移反馈 （8分钟）		1. 各小组按照评价表进行点评 2. 找出各组展示中的优缺点 3. 制订改进方案	归纳总结提高学生对本节课任务的理解和技能的掌握
课中	课堂小结 强化巩固 （5分钟）		1. 引导学生在互动学习平台中完成自评、互评（详见后文二维码） 2. 教师点评总结	多元评价反馈帮助学生认识自己的优势与不足，明确努力方向

续表

<table>
<tr><th colspan="2">教学环节（时间）</th><th>学习内容</th><th>师生活动</th><th>设计意图</th></tr>
<tr><td>课中</td><td>布置课后任务（1分钟）</td><td></td><td></td><td>课外拓展训练培养学生对知识的重组和迁移能力</td></tr>
<tr><td>课后</td><td></td><td></td><td>1. 教师在互动学习平台发布作业
2. 学生完成作业
3. 教师在信息化平台中批改作业</td><td>加强学生自我管理能力，巩固学习内容</td></tr>
<tr><td colspan="5">五、学业评价</td></tr>
<tr><td colspan="5">在本节课程评价中，共有三个评价环节，分别是个人评价要素、小组评价要素、教师评价要素</td></tr>
<tr><td colspan="5">六、附件</td></tr>
<tr><td colspan="5">
1. 评价表
2.《新产品调研》问卷
3. 华为企业案例短片
4. 任务页</td></tr>
</table>

第二课　产品生命周期及产品定价教学设计 12

<table>
<tr><td>教学单元（课）</td><td>第四单元　产品创新与产品管理
第二课　产品生命周期及产品定价</td><td>课时</td><td>1.5 课时</td></tr>
<tr><td>教学内容</td><td colspan="3">1. 熟悉产品生命周期概念及其划分依据
2. 掌握产品生命周期的管理方法
3. 掌握产品定价方法</td></tr>
<tr><td rowspan="2">教学对象</td><td>授课专业</td><td>授课班级</td><td>学生人数</td></tr>
<tr><td>市场营销专业</td><td>五年制高级班
中级阶段</td><td>36</td></tr>
<tr><td>学情分析</td><td colspan="3"> 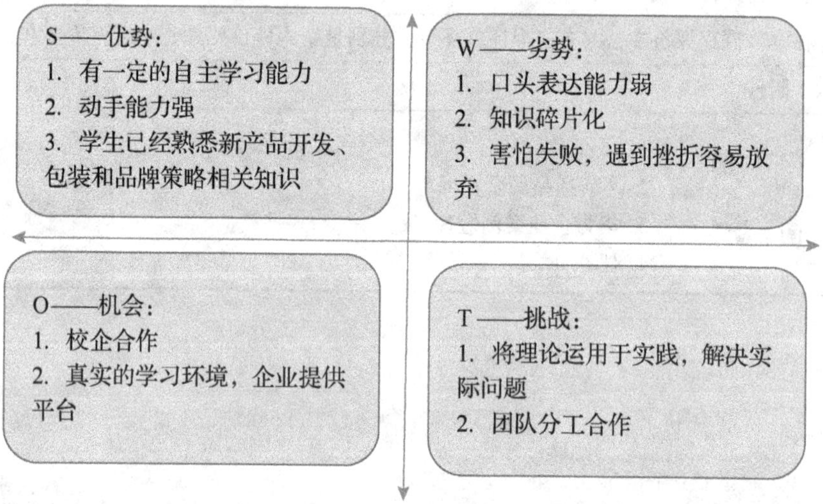S——优势：
1. 有一定的自主学习能力
2. 动手能力强
3. 学生已经熟悉新产品开发、包装和品牌策略相关知识

W——劣势：
1. 口头表达能力弱
2. 知识碎片化
3. 害怕失败，遇到挫折容易放弃

O——机会：
1. 校企合作
2. 真实的学习环境，企业提供平台

T——挑战：
1. 将理论运用于实践，解决实际问题
2. 团队分工合作</td></tr>
<tr><td colspan="4">一、教学目标</td></tr>
<tr><td colspan="4">1. 使学生熟悉产品生产周期
2. 使学生掌握产品管理方法和产品的定价策略
3. 使学生能初步进行定位方案设计</td></tr>
<tr><td colspan="4">二、重难点分析</td></tr>
<tr><td colspan="4">重点：理解产品生命周期的管理方法
重点突破策略：通过课前任务中的案例分析，学习在不同阶段如何进行产品定位、产品创新和产品说明，熟悉产品生命周期概念及其划分依据
难点：能够灵活分析模拟企业新产品的开发与定位
难点化解策略：通过课前学习职场体验活动、课中小组合作分析、课后模拟实践，化解学生对企业新产品的开发与定位分析教学难点，通过互动学习平台进行展示和评测加深学习效果</td></tr>
</table>

续表

<table>
<tr><td colspan="5">三、学习资源</td></tr>
<tr><td colspan="5">本节课采用线上线下结合教学，采用多媒体感受式教学模式，鼓励学生以小组合作的形式开发讨论、评测等，并进行作业、海报、视频展示。具体资源需求如下：
1. 场地与设备
多媒体教学设备、无线网络、音响、U 盘
2. 工具与材料
（1）教学白板、卡片纸、海报纸、彩笔等用具
（2）教材、教学 PPT、工作页、活动记录表、活动评价表等</td></tr>
<tr><td colspan="5">四、教学实施过程</td></tr>
<tr><td colspan="2">教学环节（时间）</td><td>学习内容</td><td>师生活动</td><td>设计意图</td></tr>
<tr><td>课前</td><td>课前准备
引领体验
（20 分钟）</td><td>1.《OPPO 手机的产品策略》案例
2. 职场体验，通过微信、QQ 等平台记录个人感想</td><td>1. 课前将案例分析和职场体验感想上传至互动学习平台
2. 教师在互动学习平台班课内批改学生作业，了解学生学习情况</td><td>激发学生学习兴趣，拉近学生与职场的距离，树立职业信念</td></tr>
<tr><td>课中</td><td>组织教学
（3 分钟）</td><td></td><td>1. 在互动学习平台签到，学生随机进行分组
2. 教师对学生课前作业整体情况进行评价总结，引入新课</td><td>将作业作为学习评价的一部分</td></tr>
<tr><td>课中</td><td>导入教学
（10 分钟）</td><td>产品生命周期</td><td>1. 教师让学生小组讨论推荐本组优秀的学生进行课前作业分享
2. 教师对展示学生进行加分奖励
3. 教师利用教学 PPT 讲解产品生命周期内容，播放职场体验采访视频，导入本节课学习内容</td><td>让学生动眼看、动耳听、动口讲、动心悟、动脑想、动手做，调动学生多种感官参与到教学实践活动之中</td></tr>
<tr><td>课中</td><td>布置任务
创设情境
（3 分钟）</td><td>市场定位的新产品开发方法
新产品定价方法</td><td>1. 教师要求学生小组合作制作“模拟企业新产品的开发与定位”方案（见附件）
2. 教师要求学生对方案进行讲解和评测
3. 小组进行展示讲解
4. 教师让课代表记录成绩</td><td>采用任务驱动，提升学生参与工作过程的积极性
利用评价标准的导向作用，进一步明确工作要求</td></tr>
</table>

续表

教学环节（时间）		学习内容	师生活动	设计意图
课中	查阅资料 获取信息 （8 分钟）	新产品开发、产品定价的基本理论知识和方法	1. 启发学生自主学习 2. 答疑解惑 3. 记录学生学习情况	激发学生的灵感，提高学生自主学习的能力
课中	制订计划 合作模拟 （10 分钟）	分析市场、解决实际产品管理与创新的问题	1. 指导学生制订计划并做出决策 2. 及时纠正学生讨论时偏离主题的问题 3. 督促学生尽快完成任务 4. 过程评价、更正与完善 5. 巡视学生模拟展示 评价点： （1）小组分工的合理性 （2）计划的合理性和可操作性	小组协作、头脑风暴培养学生的团队合作能力，发挥学生的创造力
课中	成果展示 相互发现 （10 分钟）		1. 学生以小组为单位依次进行展示 2. 完成要求： （1）每个小组成员都要完成“模拟企业新产品的开发与定位”方案的模拟展示 （2）每个小组对展示的内容进行讲解 （3）其他小组成员要对展示的小组进行优点、意见或建议点评	提升学生的语言表达能力和专业素养
课中	激励评价 迁移反馈 （5 分钟）		1. 各小组按照《评价表》进行点评 2. 积极发言：找出各组展示中的优点以及缺点并归纳 3. 制定出改进的方案，解决问题	提高学生对本节课任务的理解和技能的掌握
课中	课堂小结 强化巩固 （3 分钟）		1. 引导学生在互动平台中完成自评、互评 2. 教师点评总结	通过多元评价反馈，帮助学生认识自己的优势与不足，明确努力方向，加深学生对本次任务的理解和应用

续表

<table>
<tr><td colspan="2">教学环节（时间）</td><td>学习内容</td><td>师生活动</td><td>设计意图</td></tr>
<tr><td>课中</td><td>课后任务拓展延伸（1 分钟）</td><td>新产品的开发与定位方案</td><td>课外拓展训练（培养学生对知识的重组和迁移能力）</td><td>让学生进一步巩固学习内容</td></tr>
<tr><td>课后</td><td></td><td></td><td>1. 教师提前在信息化平台中发放作业
2. 学生完成作业
3. 教师在信息化平台中批改作业，并推荐优秀作业</td><td>加强学生的自我管理意识，巩固学习内容</td></tr>
<tr><td colspan="5">五、学业评价</td></tr>
<tr><td colspan="5">在本节课程评价中，共有三个评价环节，分别是个人评价要素（学生主观自评可以反思学习过程，也便于教师关注个别学生的知识需求），小组评价要素（反映学生对新产品的开发和产品决策整个学习任务完成情况及在组内行为表现），教师评价要素（关注学生综合技能的掌握和突出表现）</td></tr>
<tr><td colspan="5">六、附件</td></tr>
<tr><td colspan="5">
1. 评价表
2.《OPPO 手机的产品策略》案例分析
3. 企业的新产品开发和定价</td></tr>
</table>

第五单元　企 业 运 营

第一课　企业生产过程教学设计 13

<table>
<tr><td>教学单元（课）</td><td colspan="1">第五单元　企业运营
第一课　企业生产过程</td><td>课时</td><td>2 课时</td></tr>
<tr><td>教学内容</td><td colspan="3">1. 生产与生产系统的概念
2. 生产设施选址应考虑的影响因素
3. 生产运作流程的构成要素和流程图</td></tr>
<tr><td rowspan="2">教学对象</td><td>授课专业</td><td>授课班级</td><td>学生人数</td></tr>
<tr><td>电子商务专业</td><td>五年制高级班
高级阶段</td><td>38</td></tr>
<tr><td>学情分析</td><td colspan="3">学生有一定的自主学习能力，思维比较活跃，对企业运营感兴趣，但是对企业生产运作流程管理、生产设施选址等知识了解较少</td></tr>
<tr><td colspan="4">一、教学目标</td></tr>
<tr><td colspan="4">1. 理解生产与生产系统的基本概念
2. 初步掌握开展生产设施选址分析的方法
3. 初步掌握分析生产运作流程及绘制生产运作流程图的方法</td></tr>
<tr><td colspan="4">二、重难点分析</td></tr>
<tr><td colspan="4">重点：分析生产运作流程
重点突破策略：视频案例教学、小组头脑风暴法。通过视频学习—小组讨论—白板展示等环节，帮助学生掌握生产运作流程的要素组成，并带领学生逐步绘制生产运作流程图
难点：根据实际条件为生产设施选址
难点化解策略：通过列举学生身边的案例，引发学生学习兴趣和探索欲望，鼓励学生小组讨论并充分发表观点，集思广益，分析出生产设施的选址应该考虑的因素</td></tr>
</table>

续表

三、学习资源				
1. 网络学习平台：互动学习平台 2. 多媒体教室及教学设备：电脑、投影仪、手机、白板等 3. 信息化教学资源：PPT、视频、班级微信群 4. 教材及评价表				
四、教学实施过程				
教学环节（时间）		学习内容	师生活动	设计意图
课前	预习 （30 分钟）	伊利集团企业宣传片	1. 教师微信群发布通知，要求学生到互动学习平台观看宣传片 2. 学生到互动学习平台签到，观看视频，回答问题："伊利为何能进入全球乳业八强？伊利的核心竞争力是什么？" 3. 教师在互动学习平台上查看学生作业完成情况	锻炼学生自主学习、主动思考的能力
课中	组织教学 回顾导入 （5 分钟）		1. 在互动学习平台签到 2. 教师点评学生作业整体情况，列举学生作业中的不同观点，引入新课概念	将作业作为学习评价的一部分
课中	讲授新课 （一） （30 分钟）	1. 生产概念 2. 生产系统概念 3.《牛奶的诞生》视频 4. 牛奶企业生产系统组成图	1. 教师用 PPT 讲解生产、生产系统、生产管理三个概念。利用图例讲解企业生产系统的组成，结合教材 94 页表 5-1，举出实例讲解，帮助学生理解生产系统中输入、转化、输出的过程 2. 教师播放视频《牛奶的诞生》，请同学们思考牛奶企业生产过程中，输入、生产过程、输出分别指什么 3. 小组合作讨论上面提到的问题，完成《牛奶企业生产系统组成图》的填写，每小组 1 份 4. 白板展示：小组派 1 名代表上台，展示小组讨论结果，教师总结 5. 教师 PPT 讲解制造型生产和服务型生产的概念。教师举例说明哪些是制造型生产企业，哪些是服务型生产企业	让学生自己展示、讨论、思考，集思广益，锻炼学生自主学习能力以及表达能力

续表

教学环节（时间）		学习内容	师生活动	设计意图
课中	讲授新课（二）（20分钟）	生产设施选址的影响因素	1. 教师用PPT讲解企业生产和服务设施选址的影响因素 2. 教师提出问题："一家牛奶生产企业正在本地选址，请你结合牛奶生产企业的特点，说说它需要考虑哪些因素。" 3. 小组思考讨论，派代表回答问题，教师总结	提出问题，引发学生思考，列举学生身边的案例，贴近现实，调动学生积极性
课中	讲授新课（三）（30分钟）	生产运作流程的构成要素	1. 将小组分为采购部、生产部、运输部、库管部、销售部，分别对应生产运作流程的五个要素——投入、任务、物流和信息流、库存、产出 2. 小组讨论：小组所在部门在牛奶生产流程中的职能有哪些？处于牛奶生产流程中的哪些环节？完成《牛奶企业生产运作流程分析》 3. 小组组长介绍表述讨论结果，教师补充总结 4. 教师请学生根据刚才小组讨论的结果，画出牛奶生产流程图	通过真实的案例来讲述生产运作流程的构成要素，学生容易接受
课中	学习评价（3分钟）		1. 学生填写自我评价表 2. 小组之间互评 3. 教师点评	调动学生学习积极性
课中	作业布置（2分钟）	《准时化生产JIT》视频	1. 课后到互动学习平台观看视频，了解精益生产的诞生、概念、核心思想 2. 结合课前观看的《伊利集团企业宣传片》，思考牛奶生产企业如何进行精益生产	锻炼自主学习能力
课后	完成作业 答疑辅导		1. 学生上网搜集相关资料，完成作业，按时提交 2. 教师学生在互动学习平台上互动，解答学生问题	课后知识的延伸

续表

五、学业评价

1. 学生自评表

自我评价表				
班级：			姓名：	
教学环节		评价内容	分值	得分
课前	翻转课堂	观看视频《伊利集团企业宣传片》	0~10 分	
		完成作业	0~10 分	
课中	讲授新课	掌握《牛奶企业生产系统组成图》	0~10 分	
		能够区分制造型生产和服务型生产	0~10 分	
		知道生产设施选址的影响因素有哪些	0~10 分	
		知道生产运作流程的构成要素	0~10 分	
		能够画出牛奶制作生产流程图	0~10 分	
课后	布置作业	观看视频《准时化生产 JIT》	0~10 分	
		了解精益生产	0~10 分	
		知道精益生产的核心	0~10 分	

2. 小组互评表

小组互评表			
小组名	牛奶企业 生产系统组成	牛奶企业 生产设施的选址	牛奶企业 生产运作流程
一组			
二组			
三组			
四组			
五组			

六、附件

1. 伊利集团企业宣传片
2. 牛奶生产
3. 牛奶企业生产系统组成图
4. 牛奶企业生产运作流程分析
5. 精益生产 JIT

第二课　制造企业物流和零售企业物流教学设计 14

<table>
<tr><td>教学单元（课）</td><td>第五单元　企业运营
第二课　制造企业物流和零售企业物流</td><td>课时</td><td>2 课时</td></tr>
<tr><td>教学内容</td><td colspan="3">1. 物流的概念及物流的意义
2. 制造企业的物流过程和零售企业的物流过程</td></tr>
<tr><td rowspan="2">教学对象</td><td>授课专业</td><td>授课班级</td><td>学生人数</td></tr>
<tr><td>电子商务专业</td><td>五年制高级班
高级阶段</td><td>38</td></tr>
<tr><td>学情分析</td><td colspan="3">学生对物流的概念有一定的了解，比较熟悉身边的物流形式，如外卖、快递。不足之处：学生对企业各个环节的物流构成以及管理的相关知识了解较少，没有接触过相关企业物流案例</td></tr>
<tr><td colspan="4">一、教学目标</td></tr>
<tr><td colspan="4">1. 理解并掌握物流的概念、物流的作用以及物流的地位
2. 掌握制造企业和零售企业的物流构成，了解各环节物流管理的重点
3. 了解电子商务物流从业人员的职责</td></tr>
<tr><td colspan="4">二、重难点分析</td></tr>
<tr><td colspan="4">重点：理解制造企业和零售企业的物流过程
重点突破策略：教师使用案例教学法。以面包制造企业和本地超市的物流过程为例，通过列举身边的熟悉的案例，让学生直观感受制造企业和零售企业的物流过程
难点：熟悉企业物流管理
难点化解策略：结合本专业物流特点，通过角色扮演，模拟运输存储、包装、装卸、配送、流通加工、信息处理等活动</td></tr>
<tr><td colspan="4">三、学习资源</td></tr>
<tr><td colspan="4">1. 网络学习平台：互动学习平台
2. 多媒体教室及教学设备：电脑、投影仪、手机、白板、中国地图、卡片纸等
3. 信息化教学资源：PPT、视频、班级微信群
4. 教材及评价表</td></tr>
</table>

续表

<table>
<tr><td colspan="5">四、教学实施过程</td></tr>
<tr><td colspan="2">教学环节（时间）</td><td>学习内容</td><td>师生活动</td><td>设计意图</td></tr>
<tr><td>课前</td><td>翻转课堂
（40 分钟）</td><td>《智慧物流京东无人仓》视频</td><td>1. 教师微信群发布通知，要求学生到互动学习平台观看视频并完成教材 106 页练一练《物流企业举例》，拍照上传至互动学习平台。预习企业物流以及物流管理的概念
2. 教师在互动学习平台上查看学生学习积分，批阅作业</td><td>锻炼学生自主学习能力，让学生对接下来的课堂教学内容有一定的了解与准备</td></tr>
<tr><td>课中</td><td>课前任务展示
（5 分钟）</td><td></td><td>1. 学生在互动学习平台签到
2. 教师展示《物流企业举例》的优秀作业</td><td>锻炼学生的自主学习能力</td></tr>
<tr><td>课中</td><td>实践导入
（10 分钟）</td><td>《快递小哥受邀参加国庆方阵》视频</td><td>1. 教师播放视频并提出问题：“‘快递小哥’受邀 70 周年国庆方队，说明了一个什么问题？对此你有什么感想？”引发学生思考
2. 小组讨论，充分表达学生自己的看法。让学生认识到物流在当今社会中越来越重要，导入本课</td><td>让学生直观感受到物流在当今社会的地位与影响。引发学生学习兴趣</td></tr>
<tr><td>课中</td><td>讲授新课
（一）
（20 分钟）</td><td>物流的概念、地位作用以及物流包含的环节</td><td>1. 教师用 PPT 讲解物流的概念、物流的地位和作用以及物流过程中包含哪些环节
2. 要求学生用手机查看自己最近一次购买商品的物流信息记录。提出问题：“你购买的商品发货地是哪里？快递经过几次中转？中转地分别是哪里？快递几天到货？”</td><td>让学生对物流的概念、价值、过程有所了解</td></tr>
<tr><td>课中</td><td>讲授新课
（二）
（25 分钟）</td><td>1. 制造企业的物流过程</td><td>教师用图例讲解教材 108 页图 5-6 和 109 页图 5-8。分别列举：面包制造企业的物流过程和本地超市零售企业物流过程</td><td>提出问题，引发学生思考；列举学生身边的案例，贴近现实，调动学生积极性</td></tr>
</table>

续表

教学环节（时间）		学习内容	师生活动	设计意图
课中	讲授新课（二）（25分钟）	2. 零售企业的物流过程	1. 学生小组讨论，面包制造过程中，原材料（面粉、白糖、酵母等）、产品生产物（面包生产车间）、产成品（面包）各个环节的物流所面临的物流管理问题 2. 小组讨论本地超市在商品采购（蔬菜、水果、散装品等）环节、后库商品（门店仓储、中心仓储等）的储存、销售环节的物流所面临的物流管理问题 3. 小组选出代表上台表述，评出优秀小组	提出问题引发学生思考；列举学生身边的案例，贴近现实，调动学生积极性
课中	专业延伸（25分钟）	物流管理相关问题	1. 任务一：开展课堂活动《一个快件的旅行》，学生进行角色扮演，分别扮演卖家、快递员、物流营业点工作人员、司机、物流集散中心工作人员，说出他们的工作职责 2. 任务二：结合上面的活动，以小组为单位，讨论“假设你要开一家物流公司，你要考虑哪些因素（货物中转中心、车辆、人员管理、信息技术）?”	让学生了解到企业在组建物流团队过程中应考虑的问题
课中	学习评价（3分钟）		1. 学生填写自我评价表，分为课前、课中、课后 2. 小组之间互评，选出课堂表现优秀的小组，给出评分 3. 教师综合课前、课中、课后的个人以及小组的表现进行点评	自评、互评加深学生对所学知识理解，调动学生学习积极性
课中	作业布置（2分钟）		查找电商物流的发展演变历程、现状及趋势。制作PPT，重点介绍京东物流、淘宝物流	与专业相结合，相辅相成
课后	完成作业答疑辅导		1. 学生自己上网搜集相关资料，完成作业，按时提交 2. 教师在互动学习平台上解答学生问题	巩固所学知识内容

续表

五、学业评价

1. 学生自评表

<table>
<tr><th colspan="5">自我评价表</th></tr>
<tr><td colspan="3">班级：</td><td colspan="2">姓名：</td></tr>
<tr><td colspan="2">教学环节</td><td>评价内容</td><td>分值</td><td>得分</td></tr>
<tr><td rowspan="3">课前</td><td rowspan="3">翻转课堂</td><td>观看《智慧物流京东无人仓》视频</td><td>0~10 分</td><td></td></tr>
<tr><td>预习物流及物流管理的概念</td><td>0~10 分</td><td></td></tr>
<tr><td>完成作业《物流企业举例》</td><td>0~10 分</td><td></td></tr>
<tr><td rowspan="6">课中</td><td>实践导入</td><td>了解物流在当今社会的地位及作业</td><td>0~10 分</td><td></td></tr>
<tr><td rowspan="3">讲授新课</td><td>掌握物流的概念、作用、流程</td><td>0~10 分</td><td></td></tr>
<tr><td>能够说出面包企业的物流过程及管理</td><td>0~10 分</td><td></td></tr>
<tr><td>能够说出本地超市的物流过程及管理</td><td>0~10 分</td><td></td></tr>
<tr><td rowspan="2">专业延伸</td><td>了解物流从业人员的职责</td><td>0~10 分</td><td></td></tr>
<tr><td>能够了解物流建设需要考虑的问题</td><td>0~10 分</td><td></td></tr>
<tr><td>课后</td><td>布置作业</td><td>完成课后作业</td><td>0~10 分</td><td></td></tr>
</table>

2. 小组互评表

<table>
<tr><th colspan="6">小组互评表</th></tr>
<tr><td>小组名</td><td>实践导入
（视频感想）</td><td>讲授新课
（制造业）</td><td>讲授新课
（零售业）</td><td>专业延伸
（任务一）</td><td>专业延伸
（任务二）</td></tr>
<tr><td>一组</td><td></td><td></td><td></td><td></td><td></td></tr>
<tr><td>二组</td><td></td><td></td><td></td><td></td><td></td></tr>
<tr><td>三组</td><td></td><td></td><td></td><td></td><td></td></tr>
<tr><td>四组</td><td></td><td></td><td></td><td></td><td></td></tr>
<tr><td>五组</td><td></td><td></td><td></td><td></td><td></td></tr>
</table>

六、附件

1. 智慧物流京东无人仓
2. 快递小哥受邀参加国庆方阵
3. 《一个快件的旅行》活动设计

第六单元　组织与人力资源管理

第一课　组织管理教学设计 15

<table>
<tr><td>教学单元（课）</td><td>第六单元　组织与人力资源管理
第一课　组织管理</td><td>课时</td><td>2 课时</td></tr>
<tr><td>教学内容</td><td colspan="3">组织目标；组织设计</td></tr>
<tr><td rowspan="2">教学对象</td><td>授课专业</td><td>授课班级</td><td>学生人数</td></tr>
<tr><td>电子商务专业</td><td>中级工班</td><td>45</td></tr>
<tr><td>学情分析</td><td colspan="3">学生对学习理论知识的主观能动性较差，但对参与教学活动的主观意愿较强。经过本课程前 5 个单元的学习，学生对企业管理已有一定知识积累，对有关企业经营管理的案例产生了较为浓厚的兴趣
因此，建议以学生熟悉并感兴趣的案例为切入点，采取案例教学、活动教学等学生参与度高的教学方法，充分调动其主动思考的积极性，引导学生在教师的指导下进行有关组织目标、组织设计的活动</td></tr>
<tr><td colspan="4">一、教学目标</td></tr>
<tr><td colspan="4">1. 理解企业组织目标、部门设置与岗位设置的基本概念
2. 初步掌握为企业订立发展目标、设置部门和工作岗位的方法</td></tr>
<tr><td colspan="4">二、重难点分析</td></tr>
<tr><td colspan="4">重点：理解企业部门与工作岗位设置
重点突破策略：将抽象生僻的概念，转换为学生理解并熟悉的话题，按照“一个背景、三项任务”的任务驱动教学设计，让学生理解教学重点
难点：模拟搭建企业部门与工作岗位设置
难点化解策略：用“卡牌组合小游戏”模拟企业部门与岗位设置的真实情境，引导学生在任务情境下选择卡牌组合，最终自主搭建出合理的企业组织结构</td></tr>
</table>

续表

三、学习资源				
1. 多媒体教室：电脑、投影仪、麦克风、白板等 2. 信息化教学资源：PPT、微信或其他网络沟通平台 3. 实体教学资源：教材、评价表、教学活动用卡牌				
四、教学实施过程				
教学环节（时间）		学习内容	师生活动	设计意图
课前	预习及准备	组织目标、岗位设置的初步概念	1. 教师布置课前思考题：在“三个和尚没水喝”的故事中，问题出在哪儿？应该怎样解决 2. 教师制作活动卡牌： （1）职业卡片：电子商务总监、营销专员、美工、文案编辑、摄影师、零售主管、销售专员、分销主管、物流主管、采购专员、复核员、打单员、配货员、打包员、仓储专员、售后客服、客户关怀专员、部门主管、行政专员、人事专员、财务专员、IT技术专员等 （2）属性卡片：沟通能力、执行力、工作经验、薪酬要求、敬业精神、职业道德操守、创新能力、专业技术能力、耐心细致、忠诚度等 3. 将全部同学分为若干小组，设计小组计分表	课前思考题让学生对组织目标、岗位设置等概念有初步的认识
课中	导入新课（5分钟）	企业组织目标与组织结构的概念	1. 随机点取1~2名学生回答课前思考题 2. 教师点评： （1）三个和尚的目标：打水 （2）三个和尚没水喝的原因：没有明确各自分工，没有明确各自责任 （3）如何喝上水：明确分工和责任。如每人轮值一天或一人专职打水另两人专职其他工作等	通过课前思考题导入新课，让学生初步体会到任何团队都应有目标，更应有与目标一致的分工与责任

续表

教学环节（时间）		学习内容	师生活动	设计意图
课中	新课讲授及任务教学（25分钟）	小微企业的组织目标、组织机构与工作岗位设置	1. 教师介绍有关小微电商任务（小组任务1）的相关背景，要求学生以小组为单位，在指定时间内完成任务 2. 学生以小组为单位完成以下流程： （1）订立企业三年发展目标 （2）选择职业卡片。可重复选取，数量不限 （3）抽取属性卡片，并配置给相应职业卡片 （4）用所选卡片，配置出企业部门与岗位设置结构图 （5）每组代表上台阐述 3. 教师评价： （1）任务中的企业属于小微电商企业 （2）企业目标应符合实际，如成为在淘宝拥有一定成交量的店铺 （3）其组织设置应采用扁平化设计，精简管理层级 （4）其岗位设置应符合企业特点。如以营销人员为主，尽量减少管理或辅助岗位 （5）学生言之成理，均可酌情给分	让学生在实际操作中初步了解设置企业目标、部门和岗位的相关知识
课中	新课讲授及任务教学（25分钟）	中等规模企业的组织目标、组织机构与工作岗位设置	1. 教师介绍有关中等规模电商任务（小组任务2）的相关背景，要求学生以小组为单位，在指定时间内完成任务 2. 学生以小组为单位完成以下流程： （1）订立企业三年发展目标和组织设计目标 （2）选择职业卡片。可重复选取，数量不限 （3）随机抽取属性卡片，并配置给相应职业卡片	中级任务让学生在实际操作中逐步熟悉设置企业目标、部门和工作岗位应考虑的因素

续表

教学环节（时间）		学习内容	师生活动	设计意图
课中	新课讲授及任务教学（25分钟）	中等规模企业的组织目标、组织机构与工作岗位设置	（4）用所选卡片，配置出企业部门与岗位设置结构图 （5）每组代表上台阐述 3. 教师评价： （1）任务中的企业属于中等规模电商企业 （2）企业目标应符合实际，如逐渐成为天猫知名品牌 （3）其组织设置应采用矩阵式设计 （4）其岗位设置应符合企业和行业特点 （5）学生言之成理，均可酌情给分	中级任务让学生在实际操作中逐步熟悉设置企业目标、部门和工作岗位应考虑的因素
课中	新课讲授及任务教学（25分钟）	大规模企业的组织目标、组织机构与工作岗位设置	1. 教师介绍有关大规模网商企业任务（小组任务3）的相关背景，要求学生以小组为单位，在指定时间内完成任务 2. 学生以小组为单位完成以下流程： （1）订立企业三年发展目标 （2）选择职业卡片。可重复选取，数量不限 （3）随机抽取属性卡片，并配置给相应职业卡片 （4）用所选卡片，配置企业部门与岗位设置结构图 （5）每组代表上台阐述 3. 教师评价： （1）任务中的企业属于大规模网商型企业 （2）企业目标应符合实际，如成为线上销售为主，进驻各大B2C平台的知名服装品牌 （3）其组织设置应全面，但侧重于营销 （4）其岗位设置应符合企业和行业特点 （5）学生言之成理，均可酌情给分	高级任务让学生在实际操作中进一步掌握如何合理为企业设置发展目标并学会为各部门设置工作岗位

续表

教学环节（时间）		学习内容	师生活动	设计意图
课中	总结评价（10分钟）		1. 抽取学生，以“你说、我听、他来评”的形式，回顾本节课3项小组任务中所学的新知识与新技能 2. 教师根据任务活动情况对本节课所授知识点进行总结归纳 3. 运用本次课所学知识，完成课后作业：新中式茶饮店的组织与工作设计	师生系统归纳本次课所学知识，加深学生印象
课后	辅导与答疑	组织管理相关知识	1. 学生课后完成作业，于规定时间提交 2. 教师通过课后交流、微信平台等渠道，回答学生在完成作业过程中提出的疑问，指导并协助学生完成作业	课后练习巩固所学，在作业过程中发现存在的问题

五、学业评价

1. 作业评价：完成课后作业“新中式茶饮店的组织与工作设计”（100分）

（1）绘制出合理的茶饮店组织结构图（40分）

（2）为茶饮店各部门配置合理的工作岗位（30分）

（3）编写各工作岗位说明书（30分）

（4）学生言之成理，均可酌情给分

2. 课堂评价：课堂活动中，依照每组表现依次计分（100分）

学生小组	按时完成任务（20分）	目标设计合理（20分）	部门设置合理（30分）	岗位设计合理（30分）	总分
小组1					
小组2					
小组3					

3. 作业评价与课堂评价综合后计入总评成绩

六、附件

1. 小组任务1~3案例背景与任务要求

2. 卡牌组合小游戏卡牌模板

第二课　人力资源管理教学设计 16

<table>
<tr><td>教学单元（课）</td><td>第六单元　组织与人力资源管理
第二课　人力资源管理</td><td>课时</td><td>2 课时</td></tr>
<tr><td>教学内容</td><td colspan="3">人力资源概述、人员招聘、人员培训、绩效机制和绩效考核</td></tr>
<tr><td rowspan="2">教学对象</td><td>授课专业</td><td>授课班级</td><td>学生人数</td></tr>
<tr><td>建筑施工</td><td>五年制高级班
高级阶段</td><td>42</td></tr>
<tr><td>学情分析</td><td colspan="3">授课班级学生活泼好动，喜欢动手操作，好奇心强，思维发散，自我学习能力较差，缺乏概括和总结的能力，建议采取以学生为中心，结合实际案例和设置具体情境的探索式学习方法开展教学</td></tr>
<tr><td colspan="4">一、教学目标</td></tr>
<tr><td colspan="4">1. 理解人力资源管理的基本概念，掌握人力资源管理的基本内容，了解人力资源管理的基本职能
2. 运用所学知识，理解实际工作中人力资源管理的内容和方法，形成规则意识
3. 通过案例分析培养学生在实际中分析问题和解决问题的能力</td></tr>
<tr><td colspan="4">二、重难点分析</td></tr>
<tr><td colspan="4">重点：人力资源管理概述
重点突破策略：通过学生自主探索、情境模拟、视频教学等手段将抽象的概念转换成具体的形象，方便学生理解
难点：员工的绩效激励与考核
难点化解策略：结合身边的案例，通过实践体验让学生理解绩效激励与考核的形式和作用</td></tr>
<tr><td colspan="4">三、学习资源</td></tr>
<tr><td colspan="4">教室应配备多媒体及互联网设备，方便课堂教学。同时，学生需要使用手机进行学习检测和课中答题互动等。有条件的学校可以采用适合的平台资源。具体所需的学习资源如下：
1. 互动平台：蓝墨云、问卷星、钉钉、微信、QQ 等
2. 多媒体教室及教学设备：电脑、投影仪、麦克风、手机、网络、白板等
3. 信息化教学资源：PPT、视频等
4. 教材、自评表</td></tr>
</table>

续表

四、教学实施过程				
教学环节（时间）		学习内容	师生活动	设计意图
课前	课前预习（课前一周）	1.《马云谈唐僧团队》视频 2. “唐僧团队”的案例材料	1. 教师提前通过互动平台，发放学习内容及工作页，布置课前任务 2. 学生按要求提前准备任务一的内容，简单浏览其他任务	课前下发任务，让学生对课中内容有大致了解，提高学生自学能力
课中	组织教学（2 分钟）		教师点名，统计考勤情况	课前考勤，严肃纪律
课中	新课导入（8 分钟）	人力资源管理概述	1. 各小组陈述课前讨论结果，教师对各小组的完成情况进行评价 2. 教师提问：“假设只会卖萌的 Hello Kitty 小姐来应聘，请问要不要聘用她?”如果聘用，你认为她适合什么样的岗位	故事新编创造情境，引发学生对社会中实际岗位和人力资源相关知识进行思考
课中	新课讲授及互动教学（15 分钟）	人力资源的概念、作用与内容	1. 教师引导学生阅读教材 128～130 页，以小组讨论的方式，探究案例问题。自主寻找人力资源管理涉及的六大模块内容。概括人力资源概念与作用。完成工作页中任务二的内容 2. 播放《我是一名 HR》《人力资源节约成本》等视频，进一步对人力资源管理的作用进行形象的阐释	通过案例分析和影视资料将抽象概念转换为学生能理解的内容。锻炼学生沟通、总结、概括及解决实际问题的能力
课中	新课讲授及互动教学（20 分钟）	人员招聘的概念和渠道	1. 教师讲解招聘的概念 2. 导入《农场招聘捕鼠科科长的故事》第一部分，引导学生思考招聘的方式、过程和如此招聘有什么问题（任务三） 3. 结合前面的回答，为学生讲授内外部招聘的概念及优缺点 4. 导入案例《农场招聘捕鼠科科长的故事》第二部分的内容并详细阐述（任务四）	案例以寓言故事的方式反映了社会现象，帮助学生具象地理解理论知识，引起学生的兴趣点，锻炼学生解决实际问题的能力

续表

教学环节（时间）		学习内容	师生活动	设计意图
课中	新课讲授及互动教学（20 分钟）	人员培训	1. 组织学生进行“人椅游戏”（可设定为 5 分钟）（任务五） 2. 组织学生分享感受，教师总结（5 分钟） 3. 教师介绍这是一种团队培训，进一步讲授“培训的内容”相关理论知识。让学生完成工作页任务五的内容	调动课堂气氛，让学生感受企业真实培训氛围，体会培训的作用
课中	新课讲授及互动教学（10 分钟）	激励机制和绩效考核	1. 教师讲授激励的作用和双因素理论概念，利用互动学习平台发布巩固练习 2. 讲解答案，利用可视化网络数据反馈学生知识掌握情况，课堂上师生可进行互动	课堂练习能让学生更深刻地理解所掌握的知识。互动平台反馈及时
课中	小结（2 分钟）		以树形结构或思维导图的形式梳理知识点	帮助学生系统总结
课中	课堂评价（8 分钟）		1. 请学生填写自我评价表 2. 请小组用 1 分钟推举本组表现最好的同学和除了本组之外团队合作配合最好的两个小组。教师将结果写在黑板上，给每组课堂表现优秀的队员加 1 分，票数支持率最高的小组所有成员课堂表现加 1 分 3. 教师点评在课堂表现比较好的小组和个人	通过自评、互评，学生从自我和他人视角发现不足，促进学生自我成长。教师点评时多鼓励学生，适当加分，增强学生的成就感
课中	作业布置（5 分钟）		请学生利用所学知识，为班级的班干部选择、激励、考核提供思路	让学生将知识运用到生活中，达到知行合一
课后	辅导和答疑		为学生答疑解惑	帮助学生找到不足之处

续表

五、学业评价

本课的学业评价分为三部分：学生自评、小组互评和教师点评

1. 学生自评

教学环节		评分标准	参考分值	自评分值
课前	预习环节	是否按照要求完成讨论和学生工作页任务一	10 分	
课中	知识理解	是否能理解老师讲解的各个理论知识	10 分	
		是否明确课堂中案例所运用的知识点	15 分	
	课堂互动	几次课堂讨论是否都积极参与，提出了建设性意见	15 分	
		是否积极参加课堂游戏，并有所感悟	10 分	
		团队意识强，与组员之间配合融洽	10 分	
		所有任务是否都能及时完成，并进行小组展示	10 分	
课后	实践体验	能否完成学生工作页的各项内容	10 分	
		能否理解并完成老师布置的课后作业	10 分	
总　分			100 分	

2. 小组互评

请小组用 1 分钟讨论本组表现最好的 1 名同学和除了本组之外团队合作配合最好的两个小组

小组内最优秀的成员是：____________

除本小组外最优秀的两个小组是：____________小组、____________小组

六、附件

1. 马云谈唐僧团队
2. 唐僧团队案例
3. 我是一名 HR
4. 人力资源节约成本
5. 工作业
6. 农场招聘捕鼠科科长的故事
7. 人椅游戏
8. 巩固练习

第七单元　企 业 文 化

第一课　企业文化内涵教学设计 17

<table>
<tr><td>教学单元（课）</td><td>第七单元　企业文化
第一课　企业文化内涵</td><td>课时</td><td>2 课时</td></tr>
<tr><td>教学内容</td><td colspan="3">企业文化的概念、功能和内容；企业文化理念体系和相关案例</td></tr>
<tr><td rowspan="2">教学对象</td><td>授课专业</td><td>授课班级</td><td>学生人数</td></tr>
<tr><td>电子商务</td><td>五年制高级班
高级阶段</td><td>30</td></tr>
<tr><td>学情分析</td><td colspan="3">学生即将步入职场，他们对企业的认知需求比较强烈，思维比较活跃，且具备一定的自我管理和自主学习能力，能够胜任自主搜集资料并对搜集的资料进行加工整理。不足之处是概括能力、归纳总结和逻辑表达能力有待提高。本课拟采用课上与课下、线上与线下相结合的混合式学习方式，以学生为中心，充分发挥学生自主学习的主动性和积极性，运用小组讨论、案例分析、头脑风暴、角色扮演等教学方法引导学生达到本节课的教学目标</td></tr>
<tr><td colspan="4">一、教学目标</td></tr>
<tr><td colspan="4">1. 了解企业文化，理解企业文化的基本概念，明确企业文化的功能
2. 能够在具体案例中指出企业文化的功能，能就具体案例说明企业文化的内容及企业经营行为与企业文化的关系
3. 启发学生正确解读企业文化，提高快速融入企业的能力</td></tr>
<tr><td colspan="4">二、重难点分析</td></tr>
<tr><td colspan="4">重点：理解企业文化的概念、功能和内容
重点突破策略：通过信息化手段，提供相关视频资源并设置小任务，让学生在观看视频和搜集整理资料的体验中掌握企业文化的概念、功能和内容
难点：理解企业文化理念体系
难点化解策略：通过角色扮演等方法，让学生体验企业文化对个人思想、行为的影响，强化对其作用的认识，启发个人对融入企业文化进行思考</td></tr>
</table>

续表

三、学习资源

采用线上线下结合教学模式，教室应配备计算机、投影仪及互联网设备，方便课堂教学。同时，学生需要使用手机或计算机进行课前资料搜集、课中答题等。具体所需的学习资源如下：

1. 教学平台：互动学习平台
2. 多媒体教室及教学设备：计算机、投影仪、麦克风、手机、网络、白板、马克笔、活页挂纸等
3. 信息化教学资源：PPT、视频、线上测试及微信群等
4. 教材及评价表等

四、教学实施过程

教学环节（时间）		学习内容	师生活动	设计意图
课前	搜集资料 （课前一周）	1.《We，Huaweiers》视频 2. 海尔、松下电器、IBM企业文化的经典案例	1. 在班级微信群中发放视频 2. 教师通过班级微信群发布任务，要求： （1）学生将搜集的资料按照自己的想法进行分类整理，同时思考什么是企业文化 （2）搜集海尔、松下、IBM三家企业案例，提取企业文化相关的小故事，同时思考这三家企业企业文化的相同点、不同点，分别给企业带来的影响是什么	1. 给学生开放的空间自主构建对企业文化的认知 2. 提前了解学生的认知水平 3. 锻炼学生的自主学习能力和资料搜集能力
课中	组织教学 （2分钟）		教师利用微信打卡小程序进行考勤	课前考勤，对学生安全负责
课中	导入课程 （5分钟）	企业文化概念：企业文化是企业在发展中形成的物质和精神文明的总和	1. 将学生分为五组，每组确定一名组长，确定小组的名称、口号和分工 2. 抛出引导问题：你觉得企业文化是有形的还是无形的？为什么 3. 小组分别围绕引导问题展开组内讨论，把观点写在活页挂纸上	教师提问和小组讨论唤起学生的求知欲和探索欲，明确学习目的

续表

教学环节（时间）		学习内容	师生活动	设计意图
课中	新课讲授和互动教学（20分钟）	1. “IBM就是服务”的案例 2. 波音公司“我们每一个人都代表公司”的案例 3. 企业文化的功能及其对企业发展的作用和影响	以国际商用机器公司（IBM）和波音公司的案例作为引例，并提问：“为什么一流的企业如此重视企业文化？它对企业发展的贡献到底是什么？贡献有多大？”请学生结合IBM的案例（或者也可以按小组自行提供符合学习内容的案例），进行小组头脑风暴，把企业文化对企业发展的作用和影响写出来，以小组为单位阐释观点，教师视情况进行补充纠偏，两两比较，投票选出概括总结最好的一组	在案例分析中深化学生对企业文化功能的认知，化解难点，培养学生概括能力、归纳总结和逻辑表达能力
课中	新课讲授和互动教学（25分钟）	企业文化的内容和功能	从案例中选出学生最感兴趣的故事，进行情境模拟，引导学生进行角色扮演。小组展示，两两比较，投票选出演绎得最好，与企业价值观最吻合的一组	让企业文化的理念、价值观渗透在学生的思想和行动中
课中	新课讲授和互动教学（33分钟）	1. 企业文化理念体系及其内容：企业使命和愿景，企业核心价值观、企业精神、企业宗旨，运营理念 2. 案例分析：华为的企业文化	教师活动： 1. 播放视频《We，Huaweiers》，结合教材中《华为的企业文化》材料，提出问题： （1）华为是如何以“狼性”精神抢占市场的？体现了华为怎样的企业文化 （2）根据视频谈谈几位主人公是如何践行华为企业文化的 2. 小组进行一轮抢答和一轮补充抢答，各小组把关键词写在白纸上 3. 在白板上给出企业文化理念体系的三个层次，组织各小组展示关键词和白板进行比对，比照哪个小组的关键词吻合度最多 4. 对抢答和比对结果进行总结，表扬表现最优的小组。结合华为的案例，对各关键词进行详细补充讲解	从整体和细节上以华为的企业文化为例，让学生对企业文化的认识和理解由大而宽泛的概念细化到每一个人、每一件事，启发学生个人对融入企业进行思考，从企业文化的理解升华到树立求职目标和志向上

续表

<table>
<tr><th colspan="2">教学环节（时间）</th><th>学习内容</th><th>师生活动</th><th>设计意图</th></tr>
<tr><td>课后</td><td>反思总结（5分钟）</td><td></td><td>布置课后作业：总结我如何融入企业，制订一份行动目标</td><td>将学生对企业文化的认知与自身实际联系起来，促进学生树立职业目标和志向，并有计划、有步骤地落实到日常学习生活中</td></tr>
<tr><td colspan="5">五、学业评价</td></tr>
<tr><td colspan="5">本课的学业评价是结果性评价和过程性评价二者相结合，分为三部分：学生自评、小组间互评和教师点评
1. 教师发放自我评价表，学生先根据自己本次课的学习效果进行自评</td></tr>
</table>

<table>
<tr><th colspan="5">自评表</th></tr>
<tr><td colspan="3">班级：</td><td colspan="2">姓名：</td></tr>
<tr><td colspan="2">教学环节</td><td>评价内容</td><td>参考分值</td><td>自评分值</td></tr>
<tr><td rowspan="2">课前</td><td rowspan="2">翻转课堂</td><td>进行资料搜集和分类</td><td>0分/10分</td><td></td></tr>
<tr><td>搜集海尔等三家企业案例</td><td>0分/10分</td><td></td></tr>
<tr><td rowspan="6">课中</td><td>PK投票</td><td>提出并阐述本小组的观点并进行展示</td><td>0~10分</td><td rowspan="6"></td></tr>
<tr><td>角色扮演</td><td>深入角色，演练中的表现吻合企业价值观</td><td>0~20分</td></tr>
<tr><td rowspan="2">头脑风暴</td><td>积极参与，具有主动思考和团队合作的精神</td><td>0~10分</td></tr>
<tr><td>组内成员累计阐述观点的数量</td><td>0~10分</td></tr>
<tr><td rowspan="2">抢答</td><td>抢答成功</td><td>0~2分</td></tr>
<tr><td>组内成员累计阐述关键词的数量</td><td>0~8分</td></tr>
<tr><td rowspan="2">课后</td><td rowspan="2">反思总结</td><td>进行课后反思总结</td><td>0~10分</td><td rowspan="2"></td></tr>
<tr><td>制订行动目标</td><td>0~10分</td></tr>
<tr><td colspan="3">总分合计</td><td>0~100分</td><td></td></tr>
</table>

2. 教师展示课堂评价表（组间互评），进行小组间互相点评

续表

课堂评价表（组间互评）

小组名	头脑风暴	角色扮演	抢答	关键词比对	总分
星辰					
旭日					
长河					
大漠					
弯月					

课堂评价表（组间互评）评分标准：总分 100 分。头脑风暴 30 分，基础分 6 分，每提出一个言之有理的观点加 3 分，30 分封顶。角色扮演 30 分，小组合作编排表演，基础分 10 分，能正确体现企业价值观即可加 10 分，语言、肢体动作总共 10 分，可以酌情加分，30 分封顶。抢答 10 分，基础分 0 分，抢答成功并且言之有理即可得 5 分，10 分封顶。关键词比对 30 分，每比对成功一组关键词得 5 分，30 分封顶。

3. 教师按照课堂评价表（教师点评）对学生的课堂表现进行评价。

课堂评价表（教师点评）

姓名	所在小组	学习态度	团队合作	组内贡献度	小组附加分	总分

课堂评价表（教师点评）评分标准：总分 100 分。学习态度 30 分，视学生课前准备情况、课中积极程度打分。团队合作 30 分，视学生参与组内角色扮演、头脑风暴、抢答等具体表现打分。组内贡献度 30 分，视学生提供的头脑风暴观点数目（有理有据的观点）、抢答情况和提供的正确关键词数目打分。小组附加分 10 分，可根据小组内排名确定。

六、附件

1. We，Huaweiers
2. 更多视频资料

第二课　企业文化建设教学设计 18

教学单元（课）	第七单元　企业文化 第二课　企业文化建设	课时	2 课时
教学内容	以企业文化引领企业战略，践行企业文化		
教学对象	授课专业	授课班级	学生人数
	建筑施工	五年制高级班 高级阶段	42
学情分析	授课班级活泼好动，喜欢动手，好奇心强，思维发散，自我学习能力较差，缺乏概括和总结的能力，建议采取以学生为导向，结合实际案例和设置具体情境的探索式学习方法		

一、教学目标

1. 理解企业文化与企业战略之间的关系
2. 理解现实商业活动中的企业文化对企业的影响
3. 启发学生感受不同的企业文化氛围

二、重难点分析

重点及难点：理解企业文化对企业战略的引领作用

突破和化解策略：通过实际企业案例分析，使学生对企业使命、企业愿景、企业核心价值观等概念的理解从抽象到具象，明确企业文化在企业战略制定中的重要性

三、学习资源

教室应配备多媒体及互联网设备，方便课堂教学。同时，学生需要使用手机进行学习检测和课中答题互动等。有条件的学校可以采用适合的平台资源。具体所需的学习资源如下：

1. 互动平台：蓝墨云、问卷星、钉钉、微信、QQ 等
2. 多媒体教室及教学设备：电脑、投影仪、麦克风、手机、网络、白板等
3. 信息化教学资源：PPT、视频等
4. 教材、工作页

四、教学实施过程

教学环节（时间）		学习内容	师生活动	设计意图
课前	课前探索	有关阿里巴巴花名文化的案例	1. 教师通过互动平台，发放学习内容以及工作页，布置课前任务 2. 学生按要求提前准备好任务一、任务二的内容，简单浏览其他任务	课前下发任务，让学生对课中内容有大致了解，有趣的案例引起学生兴趣

续表

教学环节（时间）		学习内容	师生活动	设计意图
课中	组织教学（2 分钟）		教师点名，统计考勤情况	课前考勤，对学生负责
课中	1. 新课导入（15 分钟）	企业文化引领企业战略	1. 各小组陈述课前搜集完成的资料 2. 教师提问："阿里的花名文化为阿里带来怎样的氛围?" 学生进行讨论陈述	实际案例讨论拓展学生思维，培养沟通表达能力
课中	2. 新课讲授及互动教学（20 分钟）	企业的使命、共同愿景和价值观	1. 教师引导学生理解阿里巴巴的花名文化，增进员工间的亲切感，提升凝聚力的作用 2. 教师结合阿里巴巴的案例和有关阿里巴巴的新闻，分析讲解教材上企业使命、共同愿景和价值观的概念，以及如何体现和如何落实 3. 教师简单介绍阿里的其他文化，如"小二文化"，提问："你还知道阿里的哪些文化?"	案例分析将抽象的概念转换为学生能理解的实际现象。锻炼学生沟通、总结、概括及解决实际问题的能力
课中	3. 新课讲授及互动教学（25 分钟）	企业文化的践行	1. 教师由上述阿里案例中创始人马云个性、名言为出发点，引申出领导者的模范带头作用。组织学生讨论："阿里文化中的哪些文化受到马云个人特质的影响?" 引导完成工作页任务三 2. 教师讲授企业文化中的"组织建设"相关知识，完成工作页任务四 3. 继续引申阿里的案例，讲授企业文化建设中的"制度保证"相关内容	案例具有连贯性，能帮助学生充分理解文化建设的过程 借助课堂商业实践内容，帮助学生将抽象理论与实际现象联系起来，培养学生实际解决问题的能力
课中	4. 新课讲授及互动教学（13 分钟）	新员工融入企业文化的过程和注意点	1. 引导学生观察工作页任务五上的图片，请学生回答："假设这是你应聘的一家公司，这些是你在公司里观察到的，谈谈你对这家企业的感觉?" 2. 引导学生对如何融入这家企业文化展开讨论并派代表阐述	塑造情境，让学生感受更加真实，也与实际商业活动衔接，从应聘者视角反推企业文化建设实施过程，并能让学生理解和接受

续表

教学环节（时间）		学习内容	师生活动	设计意图
课中	小结（2 分钟）		以树形结构或思维导图的形式梳理知识点	帮助学生系统归纳，加深印象
课中	课堂评价（8 分钟）		1. 请学生填写自我评价 2. 请小组用 1 分钟讨论本组表现最好的同学和除了本组之外团队合作配合最好的两个小组。教师将结果写在黑板上，每组课堂表现优秀的队员加 1 分，最终票数支持率最高的小组所有成员课堂表现加 1 分 3. 教师点评课堂表现比较好的小组和个人	自评、互评使学生从自我和他人视角中发现不足，促进学生自我成长。教师点评时多鼓励学生，给他们适当加分，让他们获得成就感
课中	作业布置（5 分钟）		请学生上网搜索除阿里以外的企业文化建设相关案例，从企业使命、愿景、核心价值以及制度、组织、新员工培训等方面谈谈这家企业的文化是如何建设的	让学生将知识运用到生活，达到知行合一
课后	辅导和答疑		为学生答疑解惑	帮助学生找到不足之处

五、学业评价

本课的学业评价分为三部分：学生自评、小组互评和教师点评

1. 教师发放自评表，学生先根据自己这次课的学习效果进行自评

教学环节		评分标准	参考分值	自评分值
课前	预习环节	按照要求完成讨论和学生工作页任务一	10 分	
课中	知识理解	能理解教师讲解的各个理论知识	10 分	
		明白课堂中几个案例所运用的知识点	15 分	
	课堂互动	积极参与课堂讨论，提出建设性意见	15 分	
		积极参加课堂游戏，并有所感悟	10 分	
		团队意识强，与组员之间配合融洽	10 分	
		所有任务都能及时完成，并进行小组展示	10 分	
课后	实践体验	能够完成学生工作页的各项内容	10 分	
		能够理解并完成老师布置的课后作业	10 分	
总　分			100 分	

续表

2. 小组互评：请小组成员用 1 分钟推举本组表现最好的 1 名同学和除了本组之外团队合作配合最好的两个小组 小组内最优秀的成员是：__________ 除本小组外最优秀的两个小组是：__________小组、__________小组
六、附件
工作页